福建省社科联基地重大项目"高质量发展背景下福建省部门预算绩效管理改革研究"（项目编号：FJ2022JDZ038）研究成果
福建省财政厅智库"财政绩效管理"（项目编号：SCZ202301）课题资助

胡志勇◎著

高质量发展背景下
部门预算绩效管理改革研究
——以福建省为例

GAOZHILIANG FAZHAN BEIJING XIA
BUMEN YUSUAN JIXIAO GUANLI GAIGE YANJIU
——YI FUJIANSHENG WEILI

中国财经出版传媒集团
经济科学出版社
Economic Science Press
·北京·

图书在版编目（CIP）数据

高质量发展背景下部门预算绩效管理改革研究：以
福建省为例／胡志勇著. -- 北京：经济科学出版社，
2024. 9. -- ISBN 978 - 7 - 5218 - 6373 - 4

Ⅰ. F812. 3

中国国家版本馆 CIP 数据核字第 2024P97E09 号

责任编辑：杜　鹏　武献杰　常家凤
责任校对：王京宁
责任印制：邱　天

高质量发展背景下部门预算绩效管理改革研究
——以福建省为例

GAOZHILIANG FAZHAN BEIJINGXIA BUMEN YUSUAN

JIXIAO GUANLI GAIGE YANJIU

——YI FUJIANSHENG WEILI

胡志勇◎著

经济科学出版社出版、发行　新华书店经销
社址：北京市海淀区阜成路甲 28 号　邮编：100142
编辑部电话：010 - 88191441　发行部电话：010 - 88191522
网址：www. esp. com. cn
电子邮箱：esp_bj@ 163. com
天猫网店：经济科学出版社旗舰店
网址：http://jjkxcbs. tmall. com
固安华明印业有限公司印装
710 × 1000　16 开　10 印张　150000 字
2024 年 9 月第 1 版　2024 年 9 月第 1 次印刷
ISBN 978 - 7 - 5218 - 6373 - 4　定价：79.00 元
（图书出现印装问题，本社负责调换。电话：010 - 88191545）
（版权所有　侵权必究　打击盗版　举报热线：010 - 88191661
QQ：2242791300　营销中心电话：010 - 88191537
电子邮箱：dbts@ esp. com. cn）

前　　言

　　自 2018 年 9 月 1 日中共中央、国务院印发《关于全面实施预算绩效管理的意见》以来，各地积极探索实施全面预算绩效管理。部门预算绩效管理处于"全方位"预算绩效管理的中间层次，它起到"承启政府预算绩效管理与项目、政策预算绩效管理"的关键作用。目前，各地财政部门在项目、政策预算绩效管理方面积累较多经验，也逐渐开展部门预算绩效改革。财政部在 2020 年 2 月印发《项目支出绩效评价管理办法》，但至今未出台关于部门预算绩效评价办法，各地第三方机构在部门预算绩效评价实践上也存在一些差异，比如预算绩效评价指标设计是设置"产出"指标还是"履职"指标，各自处理存在不同。如何高质量开展部门预算绩效管理，是预算绩效管理改革领域值得进一步研究的课题。本书是福建省社科联基地重大项目"高质量发展背景下福建省部门预算绩效管理改革研究"（FJ2022JDZ038）研究成果。笔者通过理论基础探讨，借鉴国外相关研究成果和改革经验，分析部门预算绩效评价案例，研究部门预算绩效管理的成本管理与控制等，尝试性提出高质量开展部门预算绩效管理的对策建议。

本书内容包括以下八章：第一章，高质量发展下部门预算绩效管理理论基础。本章主要结合政治理论、公共财政理论和公共管理理论论述如何高质量开展部门预算绩效管理。第二章，部门预算绩效管理改革的研究。本章主要介绍国内外关于部门预算绩效管理的研究。第三章，我国部门预算绩效管理改革。以福建省为例介绍部门预算绩效管理实施现状和存在问题。第四章，部门预算绩效管理案例与分析。内容包括部门预算绩效管理案例，案例分析和经验总结。第五章，部门预算绩效管理的成本管理与控制。具体内容包括预算管理从"支出控制"到"成本管理与控制"转变的理论分析、我国部门预算绩效管理的成本管理与控制现状及存在问题、预算绩效管理成本管理与控制的几个案例、部门预算绩效管理的成本管理与控制案例分析。第六章，预算绩效管理对部门运行成本的影响实证分析。第七章，部门预算绩效管理的指标体系构建。内容包括部门预算绩效指标的设计和部门预算绩效事后评价指标体系案例。第八章，建设并完善部门预算绩效管理机制。

本书是基于笔者多年的预算绩效管理理论探索和部门预算绩效评价经历的研究，结合福建省预算绩效管理改革情况，提出"全过程"部门预算绩效管理的对策，希冀研究有益于部门预算绩效管理改革的推进，但笔者也深知多有不足，不当之处还请读者批评指正！

胡志勇

2024 年 8 月于集美学村

目　录

|第一章|
高质量发展下部门预算绩效管理理论基础

2018年9月1日中共中央、国务院颁布《关于全面实施预算绩效管理的意见》明确提出建立"全方位、全过程、全覆盖"的预算绩效管理体系。部门预算绩效管理属于全方位预算绩效管理体系的重要组成部分。按照《关于全面实施预算绩效管理的意见》，部门预算绩效管理改革的基本方向从政治视角看是：以习近平新时代中国特色社会主义思想为指导，全面贯彻党的十九大和十九届二中、三中全会精神，坚持和加强党的全面领导，坚持稳中求进工作总基调，坚持新发展理念。从宏观经济视角看是：紧扣我国社会主要矛盾变化，按照高质量发展的要求，紧紧围绕统筹推进"五位一体"总体布局和协调推进"四个全面"战略布局，坚持以供给侧结构性改革为主线。从财政管理视角看是："创新预算管理方式，更加注重结果导向、强调成本效益、硬化责任约束""着力提高财政资源配置效率和使用效益，改变预算资金分配的固化格局，提高预算管理水平和政策实施效果，为经济社会发展提供有力保障"，部门预算绩效管理的实施将实现预算管理的"支出控制"向"结果导向"转变。从公共管理视角看是：赋予部门和资金使用单位更多的管理自主权，围绕部门和单位职责、行业发展规划，以预算资金管理为主线，统筹考虑资产和业务活动，从运行成本、管理效率、履职效能、社会效应、可持续发展能力和服务对象满意度等方面，衡量部门和单位整体及核心业务实施效果，推动提高部门和单位整体绩效水平。

党的二十大报告关于"高质量发展"有较为充分的论述。高质量发展是全面建设社会主义现代化国家的首要任务。我国要坚持以推动高质量发展为主题，把实施扩大内需战略同深化供给侧结构性改革有机结合起来，增强国内大循环内生动力和可靠性，提升国际循环质量和水平，加快建设现代化经济体系，着力提高全要素生产率，着力提升产业链供应链的韧性和安全水平，着力推进城乡融合和区域协调发展，推动经济实现质的有效提升和量的合理增长。

党的二十大报告指出，我国要构建高水平社会主义市场经济体制，坚持和完善社会主义基本经济制度，毫不动摇巩固和发展公有制经济，毫不动摇鼓励、支持、引导非公有制经济发展，充分发挥市场在资源配置中的决定性作用，更好发挥政府作用。建设现代化产业体系，坚持把发展经济的着力点放在实体经济上，推进新型工业化，加快建设制造强国、质量强国、航天强国、交通强国、网络强国、数字中国。全面推进乡村振兴，坚持农业农村优先发展，巩固拓展脱贫攻坚成果，加快建设农业强国，扎实推动乡村产业、人才、文化、生态、组织振兴，全方位夯实粮食安全根基，牢牢守住十八亿亩耕地红线，确保中国人的饭碗牢牢端在自己手中。促进区域协调发展，深入实施区域协调发展战略、区域重大战略、主体功能区战略、新型城镇化战略，优化重大生产力布局，构建优势互补、高质量发展的区域经济布局和国土空间体系。推进高水平对外开放，稳步扩大规则、规制、管理、标准等制度型开放，加快建设贸易强国，推动共建"一带一路"高质量发展，维护多元稳定的国际经济格局和经贸关系。

结合中共中央、国务院颁布的《关于全面实施预算绩效管理的意见》和党的二十大精神，笔者从政治、公共财政和公共管理等领域寻找我国高质量发展背景下部门预算绩效管理改革的理论基础。

一、部门预算绩效管理改革的政治理论基础

财政是政府收支活动，其本质是属于政治范畴。我国财政属于社会主义公共财政，部门预算绩效管理改革要基于社会主义政治理论。改革的社会主义政治理论基础主要围绕"一切以人民利益为中心"核心。这一核心与财政的"人民性"是一致的。部门预算绩效管理如何围绕"一切以人民利益为中心"开展工作？

首先，需要明确的是：人民是一个集体性概念。换言之，人民利益是集体利益而非个体利益，是大多数人利益非少数人利益。那么，部门预算绩效管理就需要关注财政资金去向是否服务于"大多数人"，或者说是否存在一定的公平性。比如对中小企业的补贴，补贴的门槛设置是否将不应当排除在外的企业排除在外，从而导致补贴不具有公平性；再比如幼儿园建设，幼儿园建设应当以缓解"本地幼儿入园难"为目的，同时考虑本地经济和财力水平，但如果幼儿园选址是为了配合"当地房地产行业发展"，那就严重违背"一切以人民利益为中心"核心目标，而且这一行为将带来当地经济畸形发展，从长期视角看也将导致当地财政不可持续。

其次，部门预算安排要注意人民近期利益和远期利益的协调。从远期看，人民对美好生活的期望越来越高，部门预算安排应综合考虑部门财力、立足于解决当下人民群众急切解决的问题，而不是超越现实制定并出台不符合当地经济和财力水平的政策标准，或者大搞"面子工程"。比如制定并出台超过当地经济和财力水平的社会保障标准。

最后，部门预算安排决策是否通过科学、民主的决策机制所决定，还是少数领导"拍脑袋"决定。决策机制的科学性和民主程度决定部门预算安排的利益代表的广泛性和合理性。传统的行政管理是"科层制"模式，讲究级别的层级服从，注重行政效率，在决策上实行相对集权模式。国家治理现代

化要求传统行政管理模式转变，要体现法治、民主、透明、讲求绩效等特征。

上述三点反映在部门预算绩效管理上，要求部门预算在决策、实施过程和评价阶段反映出预算安排的公平性、预算编制的合理性和决策的充分性等。

从更为具体的政治要求看，部门预算绩效管理必须贯彻落实党和国家的重大战略部署和政策方针，比如部门预算安排是否贯彻推动高质量发展，乡村振兴，增强人民获得感、幸福感、安全感，推进网络强国建设，生态文明建设，促进我国社会保障事业高质量发展，实现高水平科技自立自强，共同富裕等党中央政策精神。

二、部门预算绩效管理改革的公共财政理论基础

我国公共财政是以社会主义市场经济为基础，因此，部门预算绩效管理改革要以社会主义公共财政理论为指导。社会主义公共财政是以社会主义市场经济为基础，因此，部门预算绩效管理要为政府实现其职能服务。（1）强调市场配置资源的主体作用，政府弥补市场失灵，在自然垄断、公共产品等领域实施资源配置职能。（2）充分发挥政府作用，维护"公平"和"正义"，体现公共财政"人民性"，实现再分配职能；鼓励市场技术研发，培养和吸引各类人才参与经济建设，实现经济发展职能。（3）反经济周期出台相应政策，实现经济稳定职能。

（一）强调市场配置资源的主体作用

市场包括供求、价格和竞争机制。市场要有足够多的供给者和需求者，竞争机制才能通过价格机制起作用，从而实现资源配置效率。强调市

场的主体作用要求政府要有"边界"意识，政策的制定不能过多介入市场微观主体的生产经营活动，要鼓励和扶持民营中小企业发展。社会主义市场经济与资本主义市场经济存在本质上的不同，社会主义市场经济是利用市场有效配置资源的机制，但并非一味"以盈利最大化"作为目标，而是讲求高质量发展和共同富裕，注重生态文明建设等。因此，社会主义国家的政府行为边界与资本主义国家的政府行为边界是不同的。有基于此，部门预算绩效管理要关注政府部门预算安排是否超出社会主义国家的部门履职范围，是否出现"越位"行为，是否出现"缺位"现象。比如自然垄断，政府是否在对自然垄断企业管制下进行合理的补助？补助标准的确定是否符合当地经济和财力水平？再比如公共产品，因为公共产品的非竞争性和非排他性特征导致市场生产不足或者不愿意生产，政府是否安排预算以保障公共产品的充足生产并提供。有基于此，评价政府部门预算支出绩效不仅要分析项目和政策支出是否扭曲市场资源有效配置，更要权衡项目、政策支出的社会效益和经济效益。

（二）实现再分配职能

市场的初次分配是根据生产要素禀赋进行，其结果是分配的不公，而分配结果的不公必将影响到经济社会是否可持续性发展。显然，政府介入分配是有必要的。部门预算绩效管理不能只注重经济效率，还要适当关注分配公平。政府支出涉及分配公平的部门主要是社会保障部门，还有与再分配有关的政策。分配公平不是简单绝对平均，而是要根据不同领域采用机会公平、结果公平、起点公平等理论指导。政府实现再分配的工具包括补贴、税收政策、转移支付等，部门要对这些工具的使用目的、过程、产出和效果进行"全过程"绩效管理。对政府实现再分配支出进行绩效管理时，部门还要分析支出对经济效率产生的影响，权衡公平和效率二者关系，根据当地经济水平和财力状况，决定支出的标准和规模。对部门支出的再分配职能"全过程"绩效管理不能简单采用指标法，而是要多种方法结合使用，比如问卷调查、标杆法、专家评价法、计量模型分析等。

（三）经济稳定与发展职能

经济周期波动是经济发展正常现象，经济周期波动会影响到就业、消费和政治稳定，政府介入干预是必要的。政府部门实施经济稳定职能是根据政府相关政策而安排相应的支出，对部门安排的经济稳定支出的预算绩效管理是有一定的难度，关键困难在于：经济稳定的结果是由诸多部门安排支出的结果，单个部门要测算出本部门支出的经济和社会效果存在技术障碍。因此，部门预算绩效管理主要是围绕政府政策目标，根据本地经济水平和财力状况制定适当支出标准，遵守政府行为边界，找准政策作用力点，保证支出的公开、公正、公平。政府实施经济发展职能，这是一个涉及面很广的支出范围。为了充分发挥市场作用，实施经济发展职能时政府要比较政府行为和市场行为二者谁更有效率，换言之，部门预算安排之前要做好事前预算绩效评估，如果市场行为具有效率，那么政府不应替代市场；反之，政府可以介入，但政府介入行为也要讲求绩效。

在预算管理实务中，部门预算绩效管理远比上述所说的复杂，比如政府制定的政策"全过程"介入市场经营活动，部门预算安排是依据政府政策制定，部门预算绩效管理就会出现决策依据"失当"；再比如农业农村部门将乡村振兴预算资金下拨到乡镇，乡镇再将不同专项资金下拨给自然村，村将不同专项来源的资金混合使用，这导致专项资金绩效难以被合理评价。而最难的应该是部门支出的"成本中心"的确定，如果成本中心无法明确，那么成本将无法核算，成本绩效评价就困难重重。部门预算支出往往项目繁多，各个项目之间还有交叉支持，甚至部门之间也有相互支持的预算安排。因此，部门预算绩效管理最为复杂的是成本管理与控制。本书设置专门部分对此内容进行探讨。

三、部门预算绩效管理的公共管理理论基础

部门预算绩效管理要融入公共管理日常，要与日常事务实现"全过程"管理。因此，部门预算绩效管理改革必须以公共管理理论为指导。从国外实践看，结果导向型预算绩效管理改革是新公共管理改革的主要内容之一。新公共管理理论是以新古典主义经济学的公共选择理论、委托代理理论和交易成本理论以及私营部门管理理论为基础。

公共选择理论认识到"市场失灵"和"政府失灵"问题，主张在公共领域引入竞争机制。由此可见，部门预算支出安排主要是弥补市场失灵，但政府也会失灵，部门预算支出需要进行预算绩效管理；委托代理理论研究利益冲突和信息非对称环境下如何设计最优契约来激励代理人。针对信息不对称，决策民主、预算公开和过程监督是解决问题的办法。将部门预算绩效管理结果和部门效能考核、官员业绩考核挂钩，这是目前能做到的较为有效的激励政策，同时，将部门预算绩效管理的结果加以应用，以此达到"改变预算分配固化格局"目的，具体点说，实施"无绩效不安排，绩效不明显少安排，绩效好的多安排"原则。交易成本理论为政府实施"公共服务外包"提供理论基础，换言之，市场有效就交给市场。私营部门的战略管理理论、成本控制理论和内部控制理论等对我国部门预算绩效管理改革有一定启发和借鉴意义。部门的"五年规划"目标应成为预算绩效管理的战略目标，部门要有完善的内部控制制度，要建立大项目事前成本效益分析、事中成本核算、事后成本绩效评价成本控制制度。

第二章

部门预算绩效管理改革的研究

高质量发展经济背景下，政府部门预算绩效改革势在必行。在这一趋势下，政府部门通过哪些路径完成预算绩效改革？改革过程中会产生什么问题，政府如何应对？改革实施后会对经济发展产生什么影响？这些都是值得研究的问题。部门绩效预算吸引了众多学者和从业者的研究兴趣，各种各样的方法和结果层出不穷，各种研究活跃了关于这个主题的辩论。但越来越多的理论和实务工作需要进行系统化的梳理。现有的研究关于部门预算绩效的经验和理论知识的回顾和系统化的关注不足，本章通过描述性和主题性调查，系统回顾相关的国内外研究成果，并确定未来研究的方向，回答两个问题：已经做了什么？未来还应该做些什么呢？

一、部门预算绩效管理改革的国外研究

在新绩效预算的浪潮中，部门绩效管理的内涵探讨与研究方法体系趋于成熟，西方各国政府部门预算绩效评价体系逐步完善。

（一）预算绩效理论内涵的研究

美国总统预算办公室（OMO）对预算绩效管理的定义如下：预算绩效管理是这样一种管理，它阐述拨款的目标，估算为实现这些目标需要的资金，以及确定量化的指标来评价其在计划实施的过程中获得的成果和工作完成的程度。根据发达经济体的做法，经济合作与发展组织（经合组织）将绩效预算分为三种类型：演示绩效预算，只是将绩效信息放入预算文件中；绩效知情预算，决策过程不使用绩效信息，但在预算审议过程中应用；直接绩效预算，根据所取得的结果分配资源。近年来，西方学者对政府项目支出绩效管理的制度、流程、指标等方面作了进一步细化。但传统预算制度发展至今，实现上述目标的控制力越来越有限。如何使预算制度更加开放、灵活、有效，是预算项目支出绩效评价制度改革的主要方向。约翰·L. 米克塞尔（John L. Mikesell，2002）认为，预算绩效管理应该是基于绩效的，以改变自己的政府预算体系，而不是仅仅将政府预算视为防止资金滥用和控制政府支出的手段，以确保向公众提供的公共服务更符合"实现社会福利最大化"的要求。罗宾森（Robisons，2013）将绩效预算定义为一种公共部门筹资机制，它利用正式的绩效信息将资金与成果（产出和/或结果）挂钩，目的是提高财政支出的绩效。方案预算编制的核心目标是改善支出的优先次序，这意味着将有限的政府资源分配给那些用所花资金为社区带来最大利益的项目。希克（Schick，2003）指出，绩效不是一种静态的衡量标准，而是需要从情况和结果到政策和行动的持续反馈。预算绩效使公民用绩效的视角去审视获得政府的支出成为一项权利。

（二）绩效预算管理制度改革的研究

"政府再造"潮流推动西方发达国家进行各种形式的预算改革以缓解财

政危机、信用危机和治理危机。美国、英国和澳大利亚等西方国家已经构建标准化的绩效评估系统，实施政府拨款时考虑绩效因素，并实行权责发生制的政府会计制度。马尔蒂（Marti，2013）对英国、澳大利亚和新西兰基于权责发生制的绩效预算编制系统进行了有益的探究，重点关注已实施的绩效预算编制的内容和形式，以及权责发生制为绩效预算编制带来的附加值，解释了这三个国家基于权责发生制的绩效预算编制模式之间的一些差异，认为在这三个国家中，按权责发生制计算的所有费用、收入和资金分配都与产出或结果方面的计划绩效指标和实际绩效指标挂钩，从而提高了部门绩效报告的质量。林奇（Lynch，1991）认为，为了提高政府部门产品产出和公共服务的效率，对政府支出和收入活动的控制要建立在绩效衡量和评价程序的基础之上，同时，还需有准确无误的绩效信息。乔纳森·布勒尔等（Jonathan Breul et al.，2008）认为，美国颁布的《政府绩效与成果法案》为绩效预算的推行设置法律依据，而且将预算绩效管理引入结果导向，把预算的投入转变为最终的成果，创建出一个基于绩效预算、有计划指导财务信息的政府。肯尼思·阿克莱斯（Kenneth A. Klase，1994）认为，很少有学者对基于绩效的预算编制给拨款决策或预算结果造成的影响进行实证分析，而且大多数研究都集中在预算官员的看法上，因此，他实证检验了基于绩效的预算编制的执行在多大程度上对美国各州以固定人均支出的形式给资源的实际分配产生了影响。结果表明，按固定人均支出衡量，绩效预算的执行对各州的预算结果具有统计上显著的积极影响。

（三）绩效评价方法和指标体系的研究

在评价方法方面，西方国家普遍采用了模糊数学法、层次分析法、德尔菲法等现代分析方法，以使项目支出绩效评价的结果科学可信。绩效指标是一种定量度量，描述已经设定的目标的实现水平。因此，必须对绩效指标进行计算和衡量，并用作评估或看到规划阶段、执行阶段或完成后的阶段和有用活动

（工作）的绩效水平的基础。菲茨杰拉德（Fitzgerald，1991）建立了评估公共组织绩效的模式，这个模式由两个方面组成：一方面注重结果，另一方面注重这种结果产生的过程。且创新性地提出了地区政府绩效六维度模型，其中决定要素包括质量、资源利用率以及创新内容等。弗雷德·汤普森（Fred Thompson，1994）认为，衡量预算项目支出绩效是通过对真实成本与标准成本差异的衡量来完成的。他采用成本计量方法，论述了政府预算项目支出与绩效之间的关系。唐纳德·莫伊尼汗（Donald Moynihan，2016）以法国在2005年公布的绩效指标设计为例，指出其包括绩效预算对公众的社会影响、对使用者的服务质量、对纳税人的效率，新绩效预算更加注重结果导向管理。刘易斯·霍克（Lewis Hawke，2013）指出，应选择适当的指标来监督预算执行情况，引导新的公共管理注重绩效和结果，在绩效管理与改进的基础上，结合目标产出框架、战略规划、平衡计分卡，设计了结果、产出、管理项目三类评价指标。卡拉赫（Callah，1998）提出，绩效评价体系应该有反映"中间结果"和"最终结果"的具体指标。虽然绩效预算管理能带来许多好处，但仍需考虑其各种局限性，如无法协调绩效信息，将造成大量无用指标。同时，有必要定期对构建的绩效指标和功能进行评估，以减少评价指标的不相关性。

二、部门预算绩效管理的国内研究

国内学者针对部门预算绩效管理的研究进行了广泛探讨，特别关注组织行为者在实施改革、满足初步期望和取得有效成果过程中面临的挑战，在此基础上，国内学者深入探讨适应我国经济社会发展水平的部门预算绩效管理制度。

（一）国外预算绩效管理的实践经验

施珺（2007）从绩效评价的组织实施等几个方面介绍了美国、英国在预算绩效考评方面的实践，总结如下经验：树立政府部门预算的绩效意识；完善部门预算绩效评价的相关法律体系；完善公共支出绩效评价的指标体系；循序渐进发展绩效评价体系；做好各项配套改革工作等。聂常虹（2012）从预算绩效管理制定的任务和计划、测定绩效与使用绩效信息角度系统地介绍了美国部门预算绩效评价理论与实践，总结了其推行预算绩效评价的方式及取得的成就，提出加强绩效考评要处理好部门的协调配合问题、将绩效考评与政府预算有机地结合、完善绩效考评的信息基础、用严格的法律规章来限制委托者、被评者和评估者之间的关系等建议。张志超和丁宏（2007）根据英国政府绩效管理改革的框架及具体的实施步骤，结合我国实际，提出以下政策建议：完善建立地方政府绩效指标体系；建立绩效指标体系对各级地方政府进行施政评比；将绩效评比结果作为财政补助的主要考虑；根据评比结果，给予地方政府机关奖励。刘晓凤（2007）以德国的部门预算管理改革为例，分析德国改进政府资金的使用效率、控制总支出的经验效果，认为法治化程度高、注重绩效管理预算、高度公开与透明以及执行的刚性和完善的监督体系是德国的有益经验，值得我国部门预算改革学习借鉴。张依群和王泽彩（2022）阐述了美国绩效预算监管的目标，绩效预算监管主体，绩效预算监管客体，绩效预算监管的保障和工具，在借鉴国际经验的基础上提出我国部门绩效预算改革应强化财权控制，坚持公共服务导向，提升公共服务水平，实现由绩效预算管理向绩效预算编制的转变。

（二）部门预算绩效管理改革的理论探讨

1. 关于部门预算绩效改革的意义

张馨、袁星候和王玮（2001）阐述了政府部门预算制度的历史作用，认为我国部门预算改革存在部门机构改革落后于经济发展增速、现有各部门预算分配权有待调整等问题，提出研究中国特色社会主义部门预算制度框架的理论意义与现实意义，并借鉴西方公共产品经济学理论，分析我国公共预算改革的理论基础，提出了改善中国部门预算方法、过程、监督和控制的路径。孙骏（2005）认为，预算绩效改革有利于界定政府职能，促进政府部门运作效率的提高，从而增强政府在社会的公信力。

2. 关于部门预算绩效管理路径

孙克竞（2008）分析了我国部门预算改革及其绩效管理制度创新历程，基于部门预算绩效管理改革基调的梳理，认为我国部门预算管理仅仅重视资金投入的控制，无法与考核项目的产出结果直接挂钩，提出要深入研究各部门对预算结果的责任问题。刘宇（2009）认为，预算绩效评价是一种评判公共部门生产和服务效率的科学手段，但仍未与其他预算支出管理改革紧密融合，应结合其他支出改革措施的建立预算绩效评价，最大限度地释放支出改革在约束财政资金的使用和管理、增强提高财政资金效率方面的政策效应。杨玉霞（2011）全面概括了政府部门预算的基础理论，分析了政府部门预算改革存在的问题，提出预算绩效评价的观点，阐述了对预算改革未来方向的期望。王泽彩（2014）认为，绩效预算作为连接战略规划和预算的现代工具，是实施现代预算制度的必要条件，美国、澳大利亚和欧盟是发达国家和地区实施绩效预算的范例，其经验可以为我国建立部门绩效预算制度提供借鉴。曹堂哲（2019）指出，部门预算绩效管理存在诸多问题，集中体现在预算监督体系薄弱，他建议我国应实施系统集成、协同高效的预算系统，建立预算绩效信息共享机制。

（三）部门预算绩效评价指标体系的研究

茆英娥（2005）指出，我国预算绩效评价指标体系的构建应分为一般预算绩效评价指标体系和项目预算绩效评价指标体系。一般预算支出绩效评价指标可先选择产出目标、成本和效率指标三方面内容建立；项目预算绩效考评，主要从项目适当性、有效性和效率性方面进行，具体可通过项目实施过程和完成结果两个环节、分别业务和财务两方面制定相应指标进行。刘炳南（2008）认为，预算绩效评价指标体系要便于评估，评价应从共性指标和个性指标两个维度构建指标体系。共性指标主要包括绩效目标设定、财务管理、职责履行情况、经济效益、预算的配置和使用情况五类；个性指标不是共性指标的具体化，而是指在共性指标的框架下各部门根据各行业的性质设定的一系列指标。吴勋和张晓岚（2008）针对部门预算管理全过程，从资金投入、绩效管理、社会效益、过程与监管、产出与效果等方面构建部门预算绩效共性指标体系。方振邦和罗海元（2008）将平衡计分卡模型引入预算绩效管理，该模型的绩效评估量表包含评估指标、评估周期、指标权数、评估结果和建议等，评价的主体由"利益关系者""实现结果驱动""政府自身建设"三个维度组成，并提出了绩效评估指标体系要根据各地绩效管理水平实行差异化制定。李杰刚（2019）认为，预算绩效指标体系是实施绩效管理的关键，要构建立多重价值标准、多向维度以及多元评估主体的预算绩效指标体系。马蔡琛和赵笛（2019）认为，要扩展预算绩效指标体系，各区域间要实现绩效信息共享，提高绩效指标的统一性，从而提高预算绩效评价的可比性。马海涛、曹堂哲和王红梅（2020）认为，部门整体绩效评价的重点包括运行成本、管理效率履职职能、社会效应、可持续发展、服务对象满意度等方面，并提出了部门整体绩效评价的共性指标。

（四）部门预算绩效评价实践的探索

财政部于 2011 年印发的《财政支出绩效评价管理暂行办法》结合了我国政府部门预算改革的实践，对部门预算项目支出绩效评价的对象与内容、目标与指标体系、标准与方法体系等问题做出了相关规定。很多国内学者针对不同部门预算项目支出进行了绩效考评的探索。彭黛云（2021）选择高校作为评价对象，进而构建评价指标体系，从决策、过程、产出与效益层面构建高校全面预算绩效指标动态体系，为高校逐步推进形成全面、可靠、有效的教育部门预算绩效管理路径提供可行的经验借鉴。任晓辉（2010）选取中等专业学校为评价对象，通过指标解析和评价结果分析，构建出中等职业教育部门预算绩效评价指标框架。黄溶冰和陈耿（2013）针对环保部门"节能减排"项目进行了预算项目支出绩效评价研究。俞学慧（2012）对科普项目部门支出绩效评价的指标设计进行了探究。房巧玲（2010）等从可靠性、环保效用和资金配置效率对环保部门支出绩效评价指标体系进行了探究。程中倩、吴水荣和梁巍（2020）研究了林业部门整体预算绩效的评价体系、评价标准与评价结果应用。

三、部门预算绩效管理研究的评述

国内外学者对部门预算支出绩效管理进行了不同层面和角度的研究。国内外学者阐述了部门预算绩效的基本内容，开展了较为深入且丰富的研究，也都达成了一系列共识，包括政府部门预算绩效的内涵、部门预算绩效制度改革、部门预算绩效评价指标体系的构建等。但是，很少有学者将部门预算绩效管理和高质量发展二者结合起来进行研究。

首先，进一步加强部门预算绩效理论研究。在部门预算绩效研究领域，国内外文献的研究角度、研究路径各异，分别对预算绩效含义、预算绩效价值、预算绩效管理路径、预算绩效管理程序、预算绩效指标体系等各个领域进行了深入探讨。它们既从经济理性的视角研究公共资源配置效率问题，也从实证经验的视角探究预算绩效管理进程中的政治问题。然而，由于政府预算绩效管理不是一个短期且简单的范畴，牵扯多程序、多步骤、多利益关系人，近来各文献在预算绩效管理技术、概念、边界等方面存在明显分化。高质量发展的新理念为部门预算绩效管理研究贡献了新的角度，也为指导部门预算绩效管理改革提供了新的路径与策略，亟须各领域学者予以关切。

其次，根据部门预算绩效实行综合评价。对部门预算绩效实行测度和评价，能改善部门预算改革路径的效率。但是，我国部门预算绩效管理改革的现状考察，特别是我国高质量发展战略提出后的状况和发展趋势的探讨还不够具体，对此，从高质量发展理念出发确定一个指标体系和评价标准，并依据翔实的统计数据借助较为科学的评价方法对我国部门预算绩效进行总体评价，探寻其发展的脉络与趋势，总结经验教训，是各领域学者需努力的方向。

最后，计量分析部门预算绩效管理改革的影响因素。部门预算绩效与多种原因有关，多数学者从经济状况、技术能力、绩效文化与理念、地方官员态度等理论层面展开研究，也有从定量角度针对财政透明度等具体问题进行探讨。但是，综合来看，很少有学者针对部门预算微观绩效的影响因素进行实证分析。那么，我国高质量发展程度对政府预算绩效带来什么效应？怎样通过创立计量模型且收集用有关统计数据或者调查问卷进行经验检验？以高质量发展为前提的部门预算绩效改革研究，是今后研究亟须改进的空间和方向。

第三章

我国部门预算绩效管理改革

自 2018 年 9 月中共中央、国务院《关于全面实施预算绩效管理意见》颁布以来，我国各地不同程度开展项目、政策、部门单位整体和政府资金运行绩效评价，继而推行事前绩效评估和事中绩效监控。一些地方的预算绩效管理改革步伐较快，部门预算的事前绩效管理也取得一定的成绩，比如部门预算绩效目标与预算申请同步申报、同步审批、同步实施。但大部分地方的部门预算绩效管理还是以事后绩效评价工作为主，而且部门预算绩效评价结果的应用较少。福建省各地市、县的部门预算绩效管理现状也是参差不齐。下面，笔者以福建省为例分析部门预算绩效管理现状与问题。

一、部门预算绩效管理现状：以福建省为例

部门预算按"全过程"实施绩效管理，主要包括事前绩效管理、事中绩效监控和事后绩效评价三个环节工作；按绩效管理目标，主要包括结果导向管理、成本效益、硬化责任约束、预算和绩效管理一体化、绩效管理结果应用等工作。

随着预算和绩效管理一体化信息系统的使用，福建省各地市、县已经实

现部门预算和绩效目标表同时申报、同时审批。换言之，福建省已实现部门预算的事前绩效目标管理。然而，根据笔者实践所知，各地的部门预算绩效目标申报质量存在较大差别。一些地方的部门编制部门绩效目标较为随意，仅是几个主要职能指标和指标标准。指标体系不能统筹考虑资产和业务活动，没有从运行成本、管理效率、履职效能、社会效应、可持续发展能力和服务对象满意度等方面反映预算资金使用绩效。目前，部门预算绩效管理的事中监控主要是基于项目和政策的事中监控，单独对部门预算绩效目标进行事中监控是很少。各地都已经开展部门预算绩效事后评价，但事后评价结果的应用程度差异大，许多地方的部门预算绩效事后评价还仅仅是"为评价而评价"，少数地方积极将结果进行应用，要求部门根据评价报告发现的问题进行整改。

从绩效管理目标角度看，福建省各地市和县财政部门主要是围绕"结果导向"推进部门单位预算绩效管理改革，并开展预算和绩效管理一体化工作。成本效益管理的改革尚未开展。在硬化责任约束方面，制度设计和建设几乎是空白的。部分地方主动将部门预算绩效评价结果加以应用，要求被评价单位针对绩效评价报告所反映的问题进行整改。

二、部门预算绩效管理存在的问题：以福建省为例

在"全方位"预算绩效管理改革中，项目和政策预算绩效管理改革积累较多经验，也取得一定成绩。部门预算绩效管理尚在摸索阶段，改革中存在不少困难，具体如下。

（1）"一把手"工程建设滞后。在传统的公共管理模式下，单位主要负责同志对预算分配结构有很大的话语权，如果"一把手"未认识到预算绩效管理的作用，那么预算绩效管理改革的功效就大打折扣。在国内外经济形势日益严峻的情况下，财政收支矛盾更加突出，预算绩效管理的意义进一步凸

显，"一把手"工程的建设就更加重要。《关于全面实施预算绩效管理意见》要求，地方各级党委和政府主要负责同志对本地区预算绩效负责，部门和单位主要负责同志对本部门本单位预算绩效负责，项目责任人对项目预算绩效负责，对重大项目的责任人实行绩效终身责任追究制，切实做到花钱必问效、无效必问责。然而，我国各地政府的各部门主要负责同志未意识到预算绩效管理的重要性还是较为普遍的。"一把手"工程建设滞后导致部门预算绩效管理改革进程缓慢。

（2）部门预算绩效管理理念尚未树立，绩效管理基础工作薄弱。由于"一把手"工程建设的滞后，部门预算绩效管理理念普遍较为淡薄。部门预算管理仍然沿袭着传统"控制型"预算管理模式，即部门争取更多的预算份额，而后将管理的重点放在预算资金是否合法、合规使用。传统"控制型"预算管理不以"结果导向"和"成本效益"为目标，财政资金经常出现无效、低效使用。在这种管理环境下，部门预算绩效管理改革往往停留于表面形式。换言之，绩效管理基础工作非常薄弱，具体表现为：绩效目标管理缺乏实际效用，绩效目标的设置不合理、不明确；绩效监控流于形式，未能及时发现问题并进行整改；绩效自评简单粗糙，无法应用。部门绩效管理基础工作薄弱严重影响外部评价的效率与质量，进而影响评价结果的可应用性。

（3）预算与绩效管理一体化信息系统有待完善。2018 年 9 月以来，在实施全面预算绩效改革的同时，我国各地也在推进预算与绩效管理一体化信息系统建设。以福建省为例，预算与绩效管理一体化信息系统已经在所有市、县应用。然而，以笔者所观察和了解的情况看，预算与绩效管理一体化信息系统的体验感不佳，信息系统还不够成熟，不能满足财政部门预算绩效管理的需求，且信息系统软件公司的后续服务不到位。尽管预算与绩效管理一体化信息系统还很不完善，但其便利预算绩效评价的功效已经显现出来。以笔者经历而言，2023 年之前，收集重点项目或部门整体绩效评价的相关资料信息至少需要一个半月时间，阅读资料、撰写和修改评价报告需要半个多月，一个项目或部门整体绩效的事后评价总共需要两到三个月时间。2023 年之后，由于预算与绩效信息一体化信息系统的使用，收集重点项目或部门整体绩效评价的相关资料信息缩短为半个多月，阅读资料、撰写和修改评价报告需要半个多月，一个项目或部门整体绩效的事后评价仅要一个月或一个半月。尽管预算与绩效管理一体化信息系统极大缩短了事后绩效评价的时间，但一体化信息系统仍然存在不少问题，比如一体化信息系统不够完善、体验感不佳、不能满足财政部门预算绩效管理的需求、信息系统软件公司的后续服务不到位等。

（4）部门预算绩效管理理论不足、管理制度不完善。在"全方位"预算绩效管理改革中，项目和政策绩效管理取得较为丰富的经验，且改革工作重点已经从事后绩效评价转移到事前绩效评估和事中绩效监督。部门预算绩效管理改革主要进行事后绩效评价工作，且评价工作面临不少问题，比如"部门成本"概念界定问题、部门成本控制如何开展、部门预算绩效管理关于"履职"情况如何细化评价指标、效果指标如何评价等，如此问题都需要进行理论探讨。在缺乏理论指导情况下，部门预算绩效管理制度供给不足。目前，地方财政部门要求各行政事业单位要开展部门预算绩效管理工作。各部门单位已经开展的工作主要是事前部门预算绩效管理目标填报和事后部门预算绩效管理自评报告。然而，根据笔者评价经历看，部门预算绩效管理目标的填报质量不高，比如有的部门仅填报大项目的主要产出目标；有的部门按科室的年度主要任务的计划目标填报产出目标；有的部门填报产出目标缺乏典型性、代表性；有的部门填报的成本目标为本部门当年度支出总额。效果指标的填报问题更为严重，比如经济效果指标采用质量指标；社会效果指标缺乏合理指标和明确的指标值；可持续性影响指标未设置；满意度指标设置很随意等。部门预算绩效管理自评报告大都缺乏实质性内容，有效信息少，可应用性不高。种种问题反映出部门预算绩效管理理论准备不足、管理制度不完善。

（5）第三方机构有待培育，外部评价质量不高，应用性有待提高。目前，我国第三方机构的预算绩效评价还是存在以下几个主要问题①。

①第三方机构成分复杂，执业资质参差不齐。我国第三方机构包括专业咨询机构、会计师事务所、律师事务所、研究机构、高等院校以及其他组织机构。笔者在实践中观察到：一是不同类型的第三方机构之间存在较大的执业资质差异。总体而言，研究机构和高等院校的执业资质相对较高，其次是专业咨询机构、会计师事务所和律师事务所，最后是其他组织机构。其他组织机构是指专业咨询机构、会计师事务所、律师事务所、研究机构、高等院校以外的组织机构，这些组织机构包括与经济有关和无关的各种社会组织。二是同类型第三方机构之间存在执业资质的差异，比如高等院校之间，经济类院校比非经济类院校的执业资质高，有设财政专业的高等院校比不设财政专业的高等院校的执业资质高；再比如会计师事务所之间，机构所在城市发达程度、机构规模大小和机构从业人员素质都一定程度上影响第三方机构的执业资质。

②第三方机构资源分布不均衡，各级各地财政可获得的服务差异大。从纵向上看，中央、省和市财政部门可获得较优质的第三方机构资源以资改革，而广大县域财政部门可获得第三方机构资源相当有限，优质的第三方机构资源更是难得。从横向上看，经济发达地区的财政部门可获得较为优质的第三方资源，经济欠发达地区的财政部门难以获得优质的第三方资源。笔者在实践中发现，第三方机构资源分布不均衡在一定程度上影响各级各地的预算绩效管理改革进度和成效。以福建为例，近5年市级预算绩效管理改革总体上是先进于县域的。经济发展较好的市县的预算绩效管理改革总体上是优于经济发展较差的市县。

③主评人教育背景各不相同，业务素质、能力和水平差异较大。目前，我国从事预算绩效评价的主评人具有不同的教育背景。有经济学教育背景的

---

① 胡志勇，高文杰. 提高第三方机构预算绩效评价质量的建议［J］. 中国财政，2024（5）：50－52.

主评人具有宏观经济思维，在评价中能迅速地作出专业判断。例如对某地政府出台的产业政策进行绩效评价，假设产业政策制定对某产业项目进行全过程、全环节的优惠补助政策，具有经济教育背景的主评人会马上判断出产业政策的主要问题——政府行为越界。有会计学教育背景的主评人更多的是微观经济思维，在预算绩效评价中习惯"企业审计"思维和行为模式，即注重资金使用的合法合规性。传统"控制型"预算就是关注资金的合法合规性，而强调"结果导向"预算绩效管理主要关注"产出与结果"和"成本管理与控制"。非经济学、会计学专业背景的主评人在预算绩效评价中的专业判断、能力和水平更是因人而异，差异较大。教育背景的不同影响了主评人的业务素质、能力和水平，最终影响预算绩效评价质量。

④评价重在求证"结果导向"，缺乏对"成本管理与控制"的评价。目前，第三方机构的评价重在求证项目、政策和部门单位支出是否具有"结果导向"，评价工作的核心在于设计一套合理、明确的评价指标体系，对"成本管理与控制"的评价较少。少数地方财政部门先行先试"成本效益"分析，积累了一些经验，比如北京。"成本效益"分析属于前端的预算绩效评估而非后端的预算绩效评价的内容。"结果导向"和"成本管理与控制"是预算绩效管理的两个重要组成部分，缺一不可。预算绩效评价若不能对"成本管理与控制"进行评价，那么预算绩效评价结果的应用性和提质增效的作用就大打折扣。目前，第三方机构对政府领域的成本认知含糊，混淆概念，比如将项目支出视为项目成本、将成本管理与控制等同成本核算、将单位财政补助等同单位成本、将成本效益等同成本收益等。诚然，政府领域的成本复杂，成本管理与控制的理论和技术不够成熟。短期内，第三方机构对"成本管理与控制"开展评价是一种挑战。

此外，预算绩效评价还存在"为评价而评价"、评价队伍不稳定等问题。上述各种问题直接影响评价质量。

（6）部门预算绩效管理的成本管理与控制尚未实施。全过程成本管理与控制包括成本预测、成本决策、成本计划、成本控制、成本核算、成本分析和成本考核等闭环管理。部门预算绩效管理的成本管理与控制应基于项目和政策的成本管理与控制。全面实施预算绩效管理要求贯彻"成本效益"理念。首先，贯彻"成本效益"理念，首要做好成本效益分析，这是事前绩效管理的主要内容。目前，我国地方专项债绩效管理办法明确要求对"项目收入、成本、收益预测合理性"进行重点论证。然而，根据笔者评价经历，地方专项债事前可行性论证，尤其是成本效益分析，大多是出于程序性需要，论证流于形式。换言之，事前论证结果不能影响项目和政策的决策。根据中共中央、国务院《关于全面实施预算绩效管理意见》的规定，部门单位对新项目、大项目和建设工程项目应进行可行性论证。可行性论证包括项目的成本收益或成本效益分析。然而，部门单位的可行性论证主要是针对项目实施的必要性和可行性，缺乏对项目的成本和收益（效益）的分析论证。其次，贯彻"成本效益"理念要做好成本计划安排。目前，部门单位成本计划编制相对粗略，未能围绕任务中心按照合理成本定额标准编制预算。再次，贯彻"成本效益"理念要做好成本核算。目前，我国政府成本核算制度建设主要在事业单位，而事业单位成本核算制度主要是满足单位内部控制的需要，不能提供预算绩效管理所需求的成本信息。最后，贯彻"成本效益"理念要做好成本绩效评价，具体包括成本分析和成本考核。然而，由于成本控制的前端和中端的制度缺失，基础工作尚未开展或者工作不扎实，后端的成本绩效评价无法有效进行。

| 第四章 |

部门预算绩效管理案例与分析

目前，我国部门预算绩效管理改革主要是开展事后绩效评价工作。因此，本章选择 3 个福建省部门预算绩效评价案例，通过案例分析发现问题、总结经验，提出高质量开展部门预算绩效管理的对策建议。

一、部门预算绩效事后评价案例与分析

案例1：××县农业农村局整体支出绩效评价

案例 1 的部门整体基本情况：

××县农业农村局部门包括 1 个机关行政处（科）室及××个下属单位，2022 年人员编制数×××人，实际在职人数×××人，编制人员数与实际在职人数之差为××人。人员缺编比例较大的科室和单位是：动物卫生监督所编制人员××人，实际在职人员××人；××镇畜牧兽医水产站编制人员数是×人，实际在职人员×人；土壤肥料技术推广站编制人员数是×人，实际在职人员×人；经济作物技术推广站编制人员数是×人，实际在职人员

×人；土地开发整理中心编制人员数是×人，实际在职人员×人；乡村振兴服务站编制人员数是××人，实际在职人员是×人。农业农村局的主要职能有：（1）研究起草并组织实施农业和农村经济的地方性政策；参与拟订各项涉农政策；组织、指导农业执法工作。（2）承担县委农村工作领导小组日常工作；负责了解掌握和监测分析农业、农村经济运行和农业、农村工作情况；开展"三农"重大问题的调研，提出决策意见和建议。（3）负责完善农村经营管理体制；参与拟订农村经济体制改革方案以及各种指导工作。（4）承担县扶贫开发领导小组的日常工作；研究拟订并组织实施扶贫开发规划、政策；组织落实专项扶贫开发项目的实施；协助做好财政专项扶贫资金的监管；协调开展行业和社会扶贫工作；负责有关扶贫的对外交流与合作；承办县委、县政府交办的其他事项等19项。

2022年××县财政局下达农业农村局××××万元。其中：基本支出×××万元、项目支出×××万元。项目支出×××万元：一般公共预算资金×××万、政府性基金×××万元，共××个项目。2022年农业农村局实际支出×××万元。其中：山海协作××市对口帮扶资金×××万元、衔接推进乡村振兴补助资金××万元、"两治一拆"乡镇专项资金×××万元、乡村振兴省级试点村建设县级配套资金××万元、乡村振兴示范片建设专项资金×××万元。

案例1的评价指标体系设计：

农业农村局部门整体支出绩效评价指标体系是以××县"十四五"规划、部门职能和年度工作计划以及部门整体履职情况为依据，结合问题导向和结果导向，根据评价小组调研、座谈和收集信息资料而制定。评价小组采用关键指标法（KPI），按决策、过程、产出和效益四个一级指标制定明细的评价指标。四个一级指标设明细指标如下。

（1）"决策"指标下设"部门投入""事前绩效管理""资金预算"3个二级指标。其中：①"部门投入"二级指标下设"部门战略规划和年度计划""部门投入程序规范性""公共财政属性"3个三级指标；②"事前绩效管理"二级指标下设"部门绩效目标管理"和"事前绩效评估"2个三级指标；③"资金预算"二级指标下设"资金编制科学性"和"资金分配合理性"2个三级指标。

（2）"过程"指标下设"预算执行率"和"组织实施"2个二级指标。其中："组织实施"指标下设"政府采购""专项资金管理""内部控制制度""廉政和法治""事中绩效管理""部门管理民主集中决策""资产登记与管理"等7个三级指标。

（3）"产出"指标下设"基本支出"和"项目支出"2个二级指标。①"基本支出"指标下设数量、质量和时效指标；②"项目支出"根据202×年农业农村局主要项目下设"两治一拆""×××项目产业扶持资金""衔接推进乡村振兴补助资金""乡村振兴省级试点村建设县级配套资金""乡村振兴示范片建设专项""其他产出"，每个专项下设数量、质量和时效等指标。

（4）"效果"指标下设"经济效益""社会效益""生态效益""可持续性影响""服务对象满意度"等指标。具体指标体系详见表4-1。

表4-1　　　　　　　　案例1部门绩效评价指标体系

一级指标	二级指标	三级指标	四级指标	指标得分标准	得分
决策 （20分）	部门投入	部门战略规划和年度计划 （3分）		部门是否制定了战略规划，比如五年发展规划；战略规划的合理性；部门、科室每年工作计划是否围绕战略规划目标；部门、科室和项目投入是否根据战略规划目标、年度工作计划安排。是得满分，否则酌情扣分	
		部门投入程序规范性 （2分）		部门、科室和项目投入是否按照规定的程序申请设立；审批文件、材料是否符合相关要求；新项目、重大项目、建设项目是否已经过必要的可行性研究（是否经过论证、论证是否科学、详细）、专家论证等。是得满分，否则酌情扣分	

一级指标	二级指标	三级指标	四级指标	指标得分标准	得分
决策 (20分)	部门投入	公共财政属性 （2分）		部门、科室和项目投入是否属于公共财政支持范围，是否满足公共财政效率和公平等目标。是得满分，否则酌情扣分。出现重大偏离的，部门绩效评价不及格	
	事前绩效管理	部门绩效目标管理	明确性 （3分）	部门整体支出绩效目标是否量化、具体化；绩效目标的指标值是否明确，是否科学；部门、科室和项目目标任务数与年度计划任务数相对应。是得满分，否则酌情扣分	
			合理性 （3分）	部门、科室、项目绩效目标与实际工作内容是否具有相关性；项目预期产出效益和效果是否符合正常的业绩水平；是否与预算确定的项资金量匹配。是得满分，否则酌情扣分	
		事前绩效评估 （3分）		是否按照要求做部门预算事前绩效评估，包括对大项目实施的必要性、公益性、收益性；项目建设投资合规性与项目成熟度；绩效目标合理性；其他需要纳入事前绩效评估的事项。是得满分，否则酌情扣分。事前绩效评估未做，或者做了但没有结果应用的，导致项目出现重大问题的得0分	
	资金预算	资金编制科学性 （2分）		预算编制是否经过科学论证；预算内容与部门职能、年度计划是否匹配；预算额度测算依据是否充分，是否按照合理预算标准编制；预算确定的资金量是否与部门职责、工作任务相匹配。是得满分，否则得0分	
		资金分配合理性 （2分）		部门预算资金分配依据是否充分；部门资金分配结构是否合理，能否保障各科室职能、计划任务顺利完成。是得满分，酌情扣分	

续表

一级指标	二级指标	三级指标	四级指标	指标得分标准	得分
过程 (20分)	预算执行率 (4分)			实际得分＝实际预算执行率×分值；预算执行率＝实际支出数/资金到位数。若有客观原因导致预算执行率降低，可酌情给分	
	组织实施	政府采购 (2分)		部门、科室、项目涉及政府采购，是否按照程序进行政府采购。是得满分，违规或无进行政府采购的则得0分	
		专项资金管理 (2分)		专项资金管理是否制定和实施专项资金管理办法。是得满分，否则得0分	
		内部控制制度 (2分)		部门是否制定和实施内部控制制度。是得满分，否则得0分	
		廉政和法治 (2分)		年度内是否发生违法违规事件，是否有部门工作人员违法违规被处分、处罚等。是得0分，否则得满分	
		事中绩效管理	双监控 (2分)	部门、股室、项目是否进行预算和绩效事中双监控，是否进行事中评价。是得满分，否则酌情扣分	
			结果应用 (2分)	事中绩效管理是否发现问题并及时反映、进行整改。是得满分，否则酌情扣分	
		部门管理是否实施民主集中决策 (2分)		部门是否实施民主集中决策。是得满分，否则得0分	
		资产登记与管理 (2分)		部门、项目是否及时办理资产登记，并建立资产管理制度，做好资产经营管理。是得满分，否则得0分	
产出 (30分)	基本支出 (10分)	数量指标 (4分)	机关处室和下属单位 (1分)	是否维持1个行政机关科室和××个下属单位的正常履职。是得满分，否则按照正常履职单位数/（单位总数量）×100%×f分值计分	
			实际在职人员 (1分)	是否保障实际在职人数×××人的工资福利待遇的正常发放，维持农业农村干部队伍稳定。是得满分，否则酌情扣分	

续表

一级指标	二级指标	三级指标	四级指标		指标得分标准	得分
产出（30分）	基本支出（10分）		数量指标（4分）	非在编人员（2分）	公用经费中的劳务支出预算编制是否合理，购买劳务是否控制在××人以内（编制人员数与实际在职人数之差为37人）。是得满分，否则酌情扣分	
			质量指标（2分）	履职情况（2分）	机关科室和下属单位是否正常履职，如果都能正常履职则得满分，因为经费不足而导致履职问题，根据出现问题单位和问题多少酌情扣分	
			成本投入（4分）	人员经费（2分）	人员经费是否按预算标准编制预算和发放。是得满分，否则得0分	
				公用经费（2分）	公用经费预算编制是否合理，发放是否规范、合理、合法。是得满分，否则酌情扣分	
	项目支出（20分）	两治一拆（3分）	数量指标（2分）	通过验收村数（1分）	是否达到计划数（25个），达到或超过则得满分，否则按通过率×分值计分	
				总投入（1分）	投入是否满足任务需求。是得满分，否得酌情扣分	
			质量指标（1分）	验收质量（1分）	验收分数等于或超过××市各县平均分值94分的，得满分，否则按（实际分值/平均分）100%×分值计分	
		×××项目产业扶持资金（6分）	数量指标（4分）	标准化生态养殖场（5万头/年）（1分）	按规划2025年底年出栏×万头标准化养殖场××家，202×年至少要达到30家。达到得满分，否则按（实际家数/30）100%×分值计分	
				年度出栏数量（1分）	按规划202×年出栏×××万头，202×年底是否完成或大于出栏×××万头。是得满分，否则按实际出栏数/1500×100%×分值计分	
				标准化×舍（1分）	按绩效目标表设定，计划完成××个以上标准×舍。如果完成或超额完成××个标准×舍，则得满分，否则酌情扣分	
				×××项目扩繁场（1分）	按规划设计，2025年前要建设60个×××项目保种家系保种群和扩繁群，202×年至少要建成20个。是得满分，否则酌情扣分	

续表

一级指标	二级指标	三级指标	四级指标	指标得分标准	得分
产出 (30分)	项目 支出 (20分)	××× 项目产 业扶持 资金 (6分)	质量指标 (1分)	产品标准化 体系建设	按规划鼓励龙头企业开展中国良好农业规范、ISO9001质量管理体系等认证，从种苗、养殖、屠宰、加工、包装和运输等各个环节规范企业生产经营、确保产品质量安全。如果年度内有在某个环节获得质量认证，则得满分，否则得0分	
			时效指标 (1分)		是否按产业规划目标分解任务并按时完成。是得满分，否则酌情扣分	
		衔接推 进乡村 振兴补 助资金 (3分)	数量指标 (1分)	县派第一书记 村数量	是否按计划为××个脱贫村、易地扶贫搬迁安置村、省级乡村振兴试单村、省级乡村振兴实绩突出村、全国红色美丽乡村建设试点村以及组织软弱涣散村选派驻村第一书记。是得满分，否则酌情扣分	
			时效指标 (1分)		项目是否及时完成。是得满分，否则酌情扣分	
			成本指标 (1分)		是否每个村拨付20万元，或者加上其他项目投入大于20万元。是得满分，否则酌情扣分	
		乡村振 兴省级 试点村 建设县 级配套 资金 (3分)	数量指标 (1分)		是否计划拟定对××个村完成乡村振兴试点示范专项资金××个项目的建设。是得满分，否则酌情扣分	
			质量指标 (1分)		已完成得××个项目是否高质量推动乡村振兴战略产业兴旺、生态宜居、乡风文明、治理有效、生活富裕目标实现，是得满分，否则酌情扣分	
			时效指标 (1分)		项目是否按计划及时完成。是得满分，否则酌情扣分	
		乡村振 兴示范 片建设 专项	数量指标 (2分)	补助村数 (1分)	是否按计划补助跨村联建示范片村××个。是得满分，否则酌情扣分	
				实施项目 (1分)	是否按计划实施××个项目，是或者超过××个项目则得满分，否则酌情扣分	

一级指标	二级指标		三级指标	四级指标	指标得分标准	得分
产出 (30分)	项目 支出 (20分)	其他	质量监督、 行业监督 (1.5分)		食用农产品质量是否出现问题,是否取得较好成绩,农业综合执法、动物卫生监督、农村宅基地管理、行政审批等方面工作成绩情况是否良好。是得满分,否则酌情扣分	
			防灾减灾 (1.5分)		植物病虫害监测预警、动物疫病防控、防汛抗旱等方面工作取得相应成绩,根据经费与成绩对比进行评分	
效果 (30分)	经济效益 (5分)				202×年农林牧渔业总产值是否稳步增长;产业项目是否达到预期经济效益。是得满分,否则酌情扣分	
	社会效益 (10分)				202×年农村居民可支配收入是否增长;扶贫人口是否按计划实现相应人数。是得满分,否则酌情扣分	
	可持续性影响 (10分)				财政是否能够持续支持农业农村局的各项事业发展;一些重大项目是否能持续得到财力支持;重大项目是否产生可持续性影响。能(是)则得满分,否则酌情扣分	
	服务对象 满意度 (5分)				是否得到市级、省级表彰、荣誉;农村居民是否对农业农村局的履职感到满意,是否有投诉,投诉是否得到及时处理。是得满分,否则酌情扣分。是否在职责范围内出现事故、负面事件等,有则酌情扣分,严重的得0分	
总分						

案例 1 的绩效与问题分析:

通过调研、座谈,询问、收集和翻阅相关信息资料,评价小组发现,2022 年××县农业农村局在较为有限经费条件下保障机关和附属单位正常履职并取得一定成绩,但从预算绩效管理角度看,农业农村局在部门投入、过程管理、产出和效果方面也存在一些问题。

部门整体支出各指标绩效：

（1）"决策"指标。根据评价小组的调研，××县农业农村局并未制定"十四五"规划，但对一些重大项目或者领域制定了实施方案，比如《××县实施乡村振兴战略规划》《××县"十四五"特色现代农业发展专项规划》《××县推动×××项目产业高质量发展实施方案》。部门预算按照规定的程序申请并获得审批。据了解，项目选择和确定是经过一定合理程序确定，比如乡村振兴项目是经过村策划，乡镇进行拼盘再上报乡村振兴办审核，再经农业农村局党组会讨论通过。部门、科室和项目预算基本都是否属于公共财政支持范围，在一定程度上能满足公共财政效率和公平等目标。部门整体支出预算有编制绩效目标表。预算资金编制有一定合理性。

（2）"过程"指标。2022年××县农业农村局预算安排×××××万元，实际支出×××万元，预算执行率为××%。根据工作需要，农业农村局制定《××县农业农村局党组议事规则》《××县农业农村局财务管理制度》《××县农业农村局项目资金管理制度》《××县农业农村局政府采购管理制度》等制度，规范各项业务活动，加强内部控制。内控制度涵盖预算业务管理、收支业务管理、政府采购业务管理、固有资产业务管理、建设业务管理、合同业务管理等。据了解，202×年××县农业农村局未出现违法违规事件和人员。××县农业农村局实施事中绩效监督。

（3）"产出"指标。2022年农业农村局"产出"由基本支出和项目支出构成。

①基本支出的"产出"。2022年××县农业农村局的实际基本支出为××××万元，维持1个机关××个下属单位相对正常运营和履职，保障实际在职人数×××人的工资福利待遇的正常发放，维持农业农村干部队伍稳定。机关科室和下属单位基本实现正常履职。

②项目支出的"产出"由"两治一拆"项目、"×××项目产业扶持资金"项目、衔接推进乡村振兴补助资金、乡村振兴省级试点村建设县级配套资金、乡村振兴示范片建设专项、其他支出的"产出"组成。

a. "两治一拆"项目的"产出"。根据××市农村人居环境整治工作领导小组办公室关于2022年"两治一拆"专项行动完成情况的通报，2022年××县累计通过验收的村××个，比计划的××个目标多完成××个，全市通过验收村的平均分为××，××县平均分为××。

b. ×××项目产业扶持资金的"产出"。根据中共××县委、××县人民政府印发的《××县推动×××项目产业高质量发展实施方案》的规定，××县在2025年底拥有年出栏×万头标准化养殖场××家，按此计划2022年××县年出栏×万头标准化养殖场至少要达到××家，实际是××家。按规划2022年的年出栏×××万头，2022年底××县×××项目出栏至少要完成或超过×××万头，实际出栏×××万头。按2022年初项目绩效目标表的设定，2022年×××项目产业扶持资金支出计划要完成××个以上标准×舍建设，实际完成××个。《××县推动×××项目产业高质量发展实施方案》设计目标要建设60个×××项目保种家系保种群和扩繁群。2022年底××县已建成国家级畜禽遗传资源保种场（国家×××项目保种场）1个，×××项目扩繁场（父母代种×场）7家。《××县推动×××项目产业高质量发展实施方案》鼓励龙头企业开展中国良好农业规范、ISO9001质量管理体系等认证，从种苗、养殖、屠宰、加工、包装和运输等各个环节规范企业生产经营、确保产品质量安全。2022年，××县培育市级×××项目农业产业化龙头企业×家、取得SC认证的×××项目熟食加工企业×家。

c. 衔接推进乡村振兴补助资金的"产出"。2022年××县为××个脱贫村、易地扶贫搬迁安置村、省级乡村振兴试点村、省级乡村振兴实绩突出村、全国红色美丽乡村建设试点村以及组织软弱涣散村选派驻村第一书记，每个村至少配套20万元的帮扶资金。

d. 乡村振兴省级试点村建设县级配套资金的"产出"。乡村振兴省级试点村建设县级配套资金计划投资×××万元，实际投资×××万元，对××个村完成××个项目的建设，培植主导产业××个，巩固培育新型农业经营主体××个。村村积极开展文化保护传承，建立"一约四会"，无移风易俗违规事件发生。村村建有综合性文化服务场所及便民服务场所，建有标准化村卫生所，自来水普及率达100%，均有"一村一法律顾问"。开展村庄绿化美化，完成"一革命四行动"，成绩较为突出。

e. 乡村振兴示范片建设专项的"产出"。2022年乡村振兴示范片建设专项补助跨村联建示范片村××个，实施项目数××个。乡村振兴示范片建设专项资金大多是与其他专项资金混合使用。

f. 其他支出的"产出"。质量监管有力有效。2022年，××县纳入福建省食用农产品承诺达标合格证与一品一码并行系统的生产经营主体×××家，赋码出证×万批次，平均赋码出证××批次。完成主要农产品农残快检样品数×万份，合格率达99%以上。

行业监督管理方面，2022年农业农村局一是强化农业综合执法。加大农业综合行政执法案件查处力度，全年立案查处各类涉农案件×起（其中种子违法×起，农药违法×起，农产品违法×起，肥料违法×起，电、炸、网鱼等渔业违法×起，私屠滥宰违法×起，宅基地违法××起）。配齐农业执法装备，统一执法服装，购置执法摩托车，执法装备水平进一步提升。二是加强动物卫生监督。累计受理产地检疫申报××××批次，检疫生猪××万头，检疫家禽××万头；受理生猪屠宰检疫申报×××批次，检疫屠宰生猪×万头，无害化处理病死猪××头，病害肉××××公斤；屠宰检疫×××项目××万头。三是加强农村宅基地管理。推进河田镇行政管理体制改革，简化优化农村宅基地审批管理流程，推行农村建房"一站办"改革。全县累计申请建房×××宗，批准申请×××宗，批准面积×××亩。四是规范行政审批。规范行政审批工作流程，落实"放管服"改革要求，进一步优化营商环境，已入驻行政服务中心行政审批事项×××项，办理各类许可事项×××件，办理时限最长不超过×个工作日。

2022年农业农村局统筹抓好农业农村发展，有效应对防范各类农业灾害。一是加强植物病虫害监测预警。依托全县×盏虫情测报灯、×个病虫测报点、

××个水稻观测圃、××个草地贪夜蛾性诱监测点和农药使用情况监测点××个，开展农作物病虫害主要病虫害监测预报，全年挽回粮食损失××××吨。推广完成病虫害绿色防控技术应用推广××万亩次，统防统治××万亩次，粮食作物统防统治覆盖率43.5%。二是加强动物疫病防控。持续抓好春、秋两季动物疫病防控工作，全面推进"先打后补"，做好高致病禽流感、口蹄疫、小反刍兽疫等重大动物集中强制免疫，做到应免尽免。2022年××县家禽禽流感免疫数量×××万头，生猪口蹄疫免疫数量××万头，牛、羊口蹄疫免疫数量×万头，应免畜禽免疫密度达100%，群体免疫密度常年保持在90%以上。三是加强防汛抗旱。争取中央农业生产救灾资金××万元，补助××台机井、×××台抽水机。加快推进×××亩高效节水灌溉设施建设，对已具备施工条件的农田灌溉工程，优先安排施工，确保灌溉设施尽早建成投入使用。投入×××万元支持×××个村修护水毁农田基础设施。

此外，在农村人才培养方面，2022年农业农村局共培育高素质农民×××人次，农村创新创业带头人×××名。评选出××名第二届优秀农村实用人才。××名农民获得农民职称，其中市级农艺师×名，县级初级农艺师××名。培育高素质农民初创之星×个，高素质农民创业之星×个。选送××名农民到高校参加大专学历教育。

（4）"效果"指标。

①经济效益指标。农业产值稳步增长，2022年××县种植粮食作物38.26万亩，总产××万吨，其中水稻××万亩（早稻×万亩，中稻×万亩、晚稻××万亩），总产××万吨。玉米、豆类、甘薯等旱粮作物面积×万亩。复垦撂荒地×××亩，其中用于种植粮食作物×××亩。实现农林牧渔业总产值××亿元，比增4.8%，一产增加值××亿元，比增4.5%。

②社会效益指标。2022年××县农村居民人均可支配收入××××元，同比增长8.2%，居××市第一。2022年全县小额信贷存量×××户×××万元；落实雨露计划补助政策，补助符合条件的对象×××人××万元；

对外出务工的脱贫人口进行车船费补助，共×××户、××万元。安排各级衔接资金×××万元用于支持脱贫人口发展生产稳定增收。指导乡（镇）谋划实施×××个激励性产业帮扶项目，惠及××××户脱贫户。全县投保×××户，投保率达111%。设置公益性岗位×××个；设立帮扶车间××个，带动×××名脱贫人口就业。

③可持续性影响。2020～2022年××县分别拨款给农业农村局×××万元、××××万元、××××万元。2022年县财政局拨给农业农村局的部门预算款占县一般公共预算支出××亿元的×%。××县财政在支持县农业和农村事业发展是可持续的，比如省级现代农业（×××项目、槟榔芋）产业园项目。202×年农业农村局项目支出产生的许多项目是具有可持续性影响。

④服务对象满意度。2022年××县农业农村建设事业获得许多荣誉，比如××镇××村获评国家级美丽休闲乡村，××镇××村获评省级美丽休闲乡村。"长征起点·生态典范""江畔田园·宜居客寨"2条串点连线线路列入全省×××条乡村振兴示范线精品线路。"五个美丽"创建经验做法在全省乡村"五个美丽"建设现场推进会上作典型交流发言，××镇××村列入全省"五个美丽"建设典型案例评选。

部门整体支出绩效存在问题：

（1）部门预算绩效管理基础还有待夯实，绩效目标和自评报告的质量较低。根据××县农业农村局提供的材料，2022年农业农村局部门整体支出的绩效目标产出指标设置数量、质量、时效和成本4个二级指标。数量指标下设"扶持乡村振兴发展村个数"1个三级指标；质量指标下设"平均免疫抗体合格率"和"资金使用合规率"2个三级指标；时效指标下设"资金下达及时率"1个三级指标；成本指标下设"资金到位率"1个三级指标。产出指标不能反映部门整体支出的主要产出。数量指标无法显示基本支出的去向和结果，也无法呈现各主要项目支出的去向和结果。质量指标设置不恰当、不全面，"资金使用合规率"是反映资金使用的规范性，不是产出的质量。

"平均免疫抗体合格率"是属于某个项目的质量指标，用它代表产出的质量是不全面。经济效益指标采用"农民人均可支配收入超过全县平均水平的村占比"指标，其年度指标值设置为大于等于100%，如此设置是不规范的。经济效益指标也不全面。社会效益指标设置为"资金使用重大违规违纪问题数"和"培育新型农业经营主体个数"，"资金使用重大违规违纪问题数"不属于社会效益指标范畴。可持续影响指标设置为"一、二、三产融合企业数"指标，这与可持续影响指标本义不符。2022年农业农村局的部门整体支出绩效自评报告形式相对完整，内容过于简单，报告不能提供充分信息反映部门整体支出的产出和效果。自评得分100分，自评流于形式。

（2）项目论证还不够科学、合理，部门整体绩效事前评估不够完善。2022年农业农村局的项目存在论证不够充分问题，比如××项目产业扶持资金项目涉及一产、二产和三产诸多环节的财政补助，由于项目论证不够科学、合理，部门整体绩效事前评估工作不够完善，项目预算安排不合理，年底出现大量结余。2022年度××项目产业扶持资金预算×××万元，项目资金在补助×××项目产业品牌建设、壮大×××项目加工营销企业及屠宰加工奖励等方面实际支出××万元，结余×××万元。×××项目产业扶持资金出现大量结余的原因是：①保种经费未使用。2022年度××县××项目保种场成功申报农业农村部和省农业农村厅《物种品种资源保护经费》等项目，农业农村部和省农业农村厅已下拨保种经费。②扩大核心群种×规模预算补助资金未使用。该资金预算用于新建保种二场扩大核心群种×补助，第二保种场目前在规划及申办中，尚未开始建设。③本品种选育、疫病净化项目预算资金未使用。×××项目保种场为国有企业，实施×××项目疫病净化项目需参照政府采购程序进行招投标，因两次流标目前项目仍在重新招标中；×××项目本品种选育工作，县初步制定《×××项目本品种选育方案》，并根据省农科院专家的意见进行了多次修改，目前项目在走评审流程，该项目在2022年开始实施。④标准化×舍建设预算补助资金未使用。根据《××县推动×××项目产业高质量发展实施方案》，2022年全县计划新建年出栏×万头以上×××项目标准化养殖场××家。2022年乡镇上报完成年出栏×万头以上×××项目养殖场建设××家，经现场核实，其中×家使用乡村振兴等其他项目资金建设，根据《××县×××项目产业发展扶持办法项目验收操作规程》规定，申报项目使用各级财政资金占总投资30%以上的不再享受本补助办法。其余×家新建养殖场因未能办理设施农业用地手续等原因，不符合补助要求。⑤壮大×××项目加工营销预算扶持资金仅部分使用。根据《××县×××项目产业发展扶持办法》，根据企业申报，经审核202×年度我县仅有河田飞×（××）农业科技发展有限公司1家企业达到×××项目收储、屠宰加工、营销方面奖励补助。⑥加大×××项目产业金融扶持预算补助资金未使用。该资金主要用于养殖户贷款贴息等补助，根据《××县×××项目产业发展扶持办法项目验收操作规程》，对已享受其他贴息政策的该笔贷款不得再享受此贴息政策。

（3）部门整体资金预算编制不够科学规范，部门整体资金结构还有优化空间。部门整体资金预算编制要科学就要有合理的预算标准，预算编制要合理就要在履职范围内列支，预算编制要准确就需要对项目进行科学和详细的论证。2022年××县农业农村局部门整体支出预算××××万元，其中，基本支出×××万元，项目支出×××万元，基本支出中的人员经费支出××××万元，日常公用经费××万元。2022年公共经费剧增的原因是：××县进一步规范基本支出和项目支出安排，2022年农业农村局据实将项目支出的部分内容改列为公用经费。2022年农业农村局商品和服务支出决算数为×××万元，这与预算的×××万元还有××万元的出入。此外，项目论证不科学、不详细造成项目预算不准确，比如×××项目产业扶持资金，子项目第二保种场尚未规划及申办就列入预算，符合标准化×舍建设预算补助资金的养殖场数、符合壮大×××项目加工营销预算扶持资金的企业数、符合加大×××项目产业金融扶持预算补助资金的企业数等项目目标事前未做尽职调查，各种论证不充分直接导致预算编制的不准确、不科学、不合理。另外，评价小组认为：×××项目产业扶持资金（预算安排××××

万元）属于政府过多介入市场生产领域、项目支出过大的问题。总体上看，部门整体资金分配结构还有较大的优化空间。

（4）部门整体预算执行率不够高，部分项目预算资金缺乏专项资金管理办法，事中绩效管理流于形式。2022年××县农业农村局年度预算数××××万元，实际支出×××万元，预算执行率为××%。农业农村局制定了专项资金管理办法，但对大项目支出，例如×××项目产业扶持资金项目，缺乏具体的专项资金管理办法。根据调研，目前农业农村局的事中绩效管理工作包括事中绩效监督和事中绩效评价，但事中绩效监督和绩效评价质量不高，未能及时、有效地反映项目实施中存在的问题。

（5）政府介入×××项目产业扶持项目环节过多、过于烦琐。以×××项目产业为突破口建设××县特色主导农业有现实意义，也有较强可行性。《××县推动×××项目产业高质量发展实施方案》提出，至2022年××县×××项目出栏××××万头以上，全产业产值达××亿元。2022年底拥有年出栏5万头标准化养殖场××家。计划建设××个××项目保种家系保种群和扩繁群等目标。然而，如前所述，现实状况与目标还有不小的差距，比如出栏数、全产业产值、出栏×万头标准化养殖场家等。为了实现《××县推动×××项目产业高质量发展实施方案》的目标，政府扶持涉及在××县县域范围内从事×××项目保种、生产、加工、销售的符合相关条件的企业和个人，扶持范围有"提升×××项目种苗质量""×××项目标准化养殖""加大×××项目产业金融扶持""壮大×××项目加工营销企业""强化×××项目品牌建设"5个领域。政府扶持方式和项目有"保种经费""扩大核心群种×规模""本品种选育""动物疫病净化""×舍（含育雏舍）建设补助""饲养机械购置补助""×××项目收储奖励""×××项目产品加工奖励""×××项目产品营销奖励""保险扶持""贷款贴息""×××项目品牌建设奖励"。由于广泛介入育种、养殖、销售和品牌等领域和环节，各个领域和环节的政府财政支持力度不尽相同，政府介入市场经济活动不符合效率原则，且政府支持效果有待验证。

（6）乡村振兴的产业项目规模、技术和经济效益等有待扩大与提升，农村技术人才、经营人才和管理人才缺乏。衔接推进乡村振兴补助资金项目自评估报告披露：存在部分项目实施进展较缓慢、项目成效相对较差的问题。乡村振兴示范建设项目自评报告披露：乡村振兴主导产业规模较小、精深加工不足、产品附加值较低、抵御市场风险弱；部分新型农业经营主体处于初步发育阶段，农村技术人才、经营人才和管理人才缺乏。

案例 1 的结论与对策建议：

经评价，2022 年××县农业农村局部门整体支出绩效得分：××。农业农村局部门整体支出的部门预算编制依据是充分的，程序相对规范，基本支出和项目支出的公共财政属性较为明显，资金预算编制有一定标准，资金分配结构相对合理。部门预算实施过程中能按照规定实施政府采购，部门治理较为规范。基本支出和项目支出的"产出"总体较好，经济效益、社会效益、可持续性影响以及服务对象满意度较为理想。当然，如前所示，202×年农业农村局整体支出绩效也存在一些问题。评价小组就此问题提出如下对策建议。

（1）夯实部门预算绩效管理基础，推动部门预算绩效管理高质量发展。部门预算绩效目标管理是绩效管理的开始，也是绩效管理的基础。从农业农村局提供绩效目标表可见，部门预算的基本支出和项目支出的"产出"指标存在过于粗略、不适当、数量指标少等问题。部门预算支出的"产出"要能反映支出主要去向、实现主要履职以及形成主要服务、公共产品、商品、固定资产、无形资产、生物资产等。部门预算支出的"产出"可按"基本支出"和"项目支出"的"产出"分为两大类，"项目支出"的"产出"可按大项目和其他项目再细分。设计"产出"指标的思路按数量、质量、时效和成本指标再细分，数量指标为主，质量和时效、成本指标为辅。"产出"指标的设置要以基本支出和项目支出的目标为依据，以目标数为指标标准值设置的基础。××县农业农村局的部门预算绩效的"效果"指标设置也是过于简单、不恰当。"效果"指标的经济效益指标要以部门预算支出所带来的经济影响为指标内容,比如第一产业的 GDP 值或增长率,与农业有关的第二、第三产业的 GDP 值或增长率等;社会效益指标以农民人均收入水平或增长、扶贫人数、增加就业人数等;可持续性影响主要从当地财力是否可持续支持、项目支出是否形成可持续影响、影响范围和时间等。部门预算绩效目标管理的质量直接影响事前、事中和事后绩效管理的效果。

(2)做好事前评估、事中和事后自评价,提高评估和评价报告的水平,主动应用评估和评价结果。对重大项目、新项目和基建项目,事前评估是有必要的。事前评估可外聘第三方机构进行,也可由部门自组织进行。事前评估有利于及时发现项目的必要性、可行性、资金预算编制和分配、绩效目标的明确性和合理性等方面是否存在问题,有利于在事前及时纠正、调整以避免未来可能产生的浪费和损失。目前,××县农业农村局已进行事前绩效评估,但事前评估工作还不扎实。建议农业农村局在将来对重大项目、新项目和基建项目开展多方专家参与的事前绩效评估,事前绩效评估要尤其注重关注项目的必要性和可行性。此外,农业农村局要努力提高事中绩效监控和事中绩效评价的质量,及时反映项目实施过程中出现的问题,并及时进行整改。×××项目产业扶持资金在使用过程中出现子项目申请国家级项目资金、子项目尚在规划论证的情况,如果事中绩效自评能及时反映这些问题,项目资金就能及时收回。除了乡村振兴示范建设项目自评报告,农业农村局的事后绩效自评报告总体上显现出质量偏低,自评报告过于简单、缺乏有效信息,自评报告流于形式。农业农村局应重视事后绩效自评报告工作,努力提高自评报告质量,自觉主动应用评估和评价结果。

(3)提高部门预算编制水平,优化部门预算资金分配结构。农业农村局要规范、科学编制部门预算编制,提高预算编制质量,要平衡项目支出的资金分配,要做好项目必要性和可行性论证,要减少政府对市场不必要的干预(建议政府减少对×××项目产业扶持的环节,集中财力支持"提升×××项目种苗质量""加大×××项目产业金融扶持""强化×××项目品牌建设"三个领域）。

（4）进一步做好乡村振兴项目选择，提高产业项目的经济效益，固实乡村振兴持续性发展基础。2022 年××县围绕《福建省乡村振兴试点示范工作方案》提出的"产业兴旺、生态宜居、乡风文明、治理有效、生活富裕"的总体要求。乡村振兴项目要提前进行设计，项目安排要有主次优先。在乡村振兴项目中，产业项目建设是乡村振兴的基础，是乡村振兴可持续发展的根本，资金安排上要对产业项目有所倾斜与侧重。产业项目要认真做好必要性和可行性论证，要对生产项目的投入做好科学、详细的概算，要讲求经济效益和社会效益，要能带动当地农村居民积极参与。除了发展乡村产业外，培养和吸引技术人才、经营人才和管理人才也是乡村振兴的可持续性的重要基础，未来××县可通过加大培训投入、增加培训次数、鼓励年轻人到乡村挂职锻炼等方式保障乡村振兴的人才之需。

案例 1 的总结分析：

部门预算绩效评价的核心内容在于评价部门的履职情况。履职的产出指标设计成为评价指标体系的关键。本案例是农业农村局的整体支出绩效评价，可按科室的履职情况设计产出明细指标。但是，很多农业农村局的下设科室仅仅是履行日常职责，且履职所花费的支出金额不大。因此，采用"科室履职"作为"产出"的二级指标显然不太合理。鉴于农业农村局资金主要用于几个大项目，笔者采用资金分类作为"产出"二级指标，即采用"基本支出"和"项目支出"作为二级指标。

"基本支出"下设产出数量、产出质量和产出成本三级指标。"产出数量"三级指标再下设"机关处室和下属单位""实际在职人员""非在编人员"指标；"产出质量"三级指标下设"履职情况"指标；"产出成本"指标下设"人员经费"和"公用经费"指标。"基本支出"指标的评价采用"业务量"和"支出"分别进行历史比较和横向比较。历史比较就是和过往年份的"业务量"和"支出"进行比较。横向比较是选择与本地区具有可比性的其他样本进行比较。由于时间和获取信息能力缘故，本案例仅采用历史比较，因此，评价结论的质量还有提升空间。

"项目支出"按专项类别设置明细科目。项目支出评价的困难主要有二：一是项目事前绩效目标的编制普遍存在不合理、不够明确等问题，且在预算支出标准和成本项目定额缺失情况下，第三方难以对项目进行事后的有效评价；二是项目资金之间存在交叉混合使用，比如"衔接推进乡村振兴补助资金"与"乡村振兴省级试点村建设县级配套资金""乡村振兴示范片建设专项"的资金混合使用。专项资金混合使用后的产出归属比较含糊，产出成本的归集与计算存在困难。因此，如果"产出"按照"项目支出"设计明细指标，那么部门整体绩效评价在所难免会面临项目支出绩效评价的问题和困难。

案例2：××市残疾人联合会整体绩效评价

案例2的部门整体基本情况：

××市残疾人联合会（后面称"××市残联"）根据职能任务设立办公室、康复科和教育就业科3个职能科（室）。市残联机关事业编制×名，其中，理事长1名，副理事长2名，党组书记1名，科级领导职数×名。市残联主要职责是：（1）建立和完善各级残疾人联合会组织建设，履行"代表、服务、管理"职能；（2）建设各级残疾人联合会基础设施（综合服务中心），完善为残疾人服务功能；（3）团结教育残疾人，听取残疾人的意见，反映残疾人的要求，依法发展残疾人事业，维护残疾人的合法权益；（4）弘扬人道主义、宣传残疾人事业、营造文明进步的社会环境，沟通政府、社会与残疾人之间的联系，动员社会理解、尊重、关心、帮助残疾人，促进残疾人平等参与等××项职责。

202×年县财政下拨市残联预算资金×××万元，实际支出×××万元，结余××万元。此外，202×年县财政批准追加市残联预算××万元，用于发放××市第1×届残奥会、第1×届残运会获奖运动员及教练员奖励金，无结余。

（1）基本支出预算是×××万元，其中，人员经费×××万元，公用经费××万元。基本支出的实际支出数为×××万元，结余××万元。基本支出维持××市残联和下属3个中心（××市残疾人就业服务指导中心、××市残疾人康复教育中心、残疾人辅助器具资源中心）的运行。具体支出如表4-2所示。

表4-2　　××市残联及其下属单位基本支出预算、实际支出及结余　　单位：万元

单位	一般公共预算资金	已使用资金	结余资金
××市残联	×××	×××	××
××市残疾人就业服务指导中心	××	××	×
××市残疾人康复教育中心	××	××	×
残疾人辅助器具资源中心	××	××	×
合计	×××	×××	××

（2）项目支出预算是×××万元，实际支出××万元，结余×万元。追加预算××万元，实际支出×××万元，无结余。项目支出主要有：①××市残疾人托养中心（一般地方债券）项目预算支出×××万元，实际支出×××万元；××市残疾人康复中心（一般地方债券）预算支出×××万元，实际支出×××万元；②残疾人乘车优惠政策补贴经费预算支出××万元，实际支出××万元；慰问、资助残疾人专项经费××万元，实际支出××万元；③手语新闻栏目补贴预算支出××万元，实际支出××万元；残疾人宣传文艺体育专项经费预算支出××万元，实际支出××万元；残疾人职业技能竞赛经费××万元；第××届残奥会、第××届残运会获奖运动员及教练员奖励金××万元，实际支出××万元；④根据相关文件下达202×年超比例安排残疾人就业等补助奖励×万元；超比例安排残疾人就业奖励×万元；根据相关文件残疾人事业发展资金×万元、根据相关文件下达

202×年残疾人事业发展省级补助资金×万元，实际支出×万元；残疾人就业培训费×万元；⑤残疾人五大协会活动经费及协会联络员工资补贴、福利待遇等预算支出×万元，实际支出×万元；聘用联络员工资预算支出×万元，实际支出×万元；全国助残日、国际残疾人日活动经费预算支出×万元，实际支出×万元；根据××文件下达残疾人联络员培训×万元；换届经费×万元，实际支出×万元；培训费预算支出×万元，实际支出×万元；康复技术专业人才教育经费×万元，实际支出×万元；⑥辅具器具业务专用车预算支出×万元，实际支出×万元；辅助器具服务技能提升经费×万元，实际支出×万元；搬迁干部住房保障经费×万元，实际支出×万元；党委工作经费预算支出×万元，实际支出×万元。

案例 2 的绩效评价指标体系设计：

××市残联整体支出绩效评价指标体系是以该市"十四五"残疾人保障和发展规划、部门职能和年度工作计划以及部门整体履职情况为依据，结合问题导向和结果导向，根据评价小组调研、座谈和收集信息资料而制定。评价小组采用关键指标法（KPI），按决策、过程、产出和效益四个一级指标制定明细的评价指标。四个一级指标设明细指标如下：

（1）"决策"指标下设"部门投入""事前绩效管理""资金预算"3个二级指标。其中：①"部门投入"二级指标下设"部门战略规划和年度计划"、部门投入程序规范性、公共财政属性3个三级指标；②"事前绩效管理"二级指标下设"部门绩效目标管理"和"事前绩效评估"2个三级指标；③"资金预算"二级指标下设"资金编制科学性"和"资金分配合理性"2个三级指标。

（2）"过程"指标下设"预算执行率"和"组织实施"2个二级指标。其中，"组织实施"指标下设"政府采购""专项资金管理""内部控制制度与实施""廉政和法治""事中绩效管理""财务管理""资产登记与管理"7个三级指标。

（3）"产出"指标下设"基本支出"和"项目支出"2 个二级指标。① "基本支出"指标下按单位设"市残联""就业服务中心""康复教育中心""辅助器具资源中心"4 个明细指标；② "项目支出"根据 202×年市残联具体项目汇总分为"托养中心、康复中心和福乐家园""补助、慰问残疾人""残疾人文体""残疾人就业""残疾人组织、相关人员培训""其他支出"6 大类，每大类下按具体项目再设置明细指标。

（4）"效果"指标下设"社会效益""可持续性影响""服务对象满意度"等指标。

指标分值的分配是以支出金额占比和支出目的、任务为依据。具体的绩效评价指标体系详见表 4 − 3。

表 4 − 3　　　　　　　　　案例 2 部门整体支出绩效评价指标体系

一级指标	二级指标	三级指标	四级指标	指标得分标准	得分
投入（20 分）	部门投入（8 分）	部门战略规划和年度计划（3 分）		①部门是否制定有战略规划，比如五年发展规划，战略规划的合理性（1 分）；②部门、科室每年工作计划是否围绕战略规划目标（1 分）；③部门、科室和项目投入是否根据战略规划目标、年度工作计划安排（1 分）。按照得分点，结合实际情况评分	
		部门投入程序规范性（3 分）		①部门、科室和项目投入是否按照规定的程序申请设立，审批文件、材料是否齐全、符合相关要求（1.5 分）；②新项目、重大项目、建设项目是否已经过必要的可行性研究（是否论证、论证是否科学、详细）、专家论证等（1.5）分。根据得分点，结合实际情况评分	
		公共财政属性（2 分）		①部门、科室和项目投入是否属于公共财政支持范围（1 分）；②是否满足公共财政效率和公平等目标（1 分）；出现重大偏离的，部门绩效评价不及格。根据得分点，结合实际情况评分	

一级指标	二级指标	三级指标	四级指标	指标得分标准	得分
投入 （20分）	事前绩效管理 （8分）	部门绩效 目标管理 （6分）	明确性 （3分）	①部门整体支出绩效目标是否量化、具体化、完整（1分）； ②绩效目标的指标值是否明确，是否科学（1分）； ③部门、科室和项目目标值与年度计划任务数相对应（1分）。 根据得分点，结合实际情况评分	
			合理性 （3分）	①部门、科室、项目绩效目标与实际工作内容是否具有相关性（1分）； ②项目预期产出效益和效果是否符合正常的业绩水平（1分）； ③是否与预算确定的项资金量匹配（1分）。 根据得分点，结合实际情况评分	
		事前绩 效评估 （2分）		①是否按照要求做部门预算事前绩效评估，是否对大项目实施的必要性、可行性、收益性（1分）； ②项目建设投资合规性与项目成熟度，绩效目标合理性，其他需要纳入事前绩效评估的事项（1分）。 根据得分点，结合实际情况评分	
	资金预算 （4分）	资金编制 科学性 （2分）		①预算编制是否合理预算标准； ②预算内容与部门职能、年度计划是否匹配； ③预算额度测算依据是否充分，是否按照合理预算标准编制； ④预算确定的资金量是否与部门职责、工作任务相匹配。 上述每小点0.5分。根据得分点，结合实际情况评分	
		资金分配 合理性 （2分）		①部门预算资金分配依据是否充分； ②部门资金分配结构是否合理，能否保障各科室职能、计划任务顺利完成。 每点1分，根据得分点，结合实际情况评分	

一级指标	二级指标	三级指标	四级指标	指标得分标准	得分
过程 (20分)	组织实施	预算执行率 (4分)		实际得分＝实际预算执行率×分值；预算执行率＝实际支出数/资金到位数；预算执行率在95%以上，若无主观原因导致预算执行率降低，则得满分	
		政府采购 (2分)		①是否有出台政府采购管理制度(0.5分)； ②部门、科室、项目涉及政府采购，是否按照程序进行政府采购；出现违规违纪采购行为，根据事件大小和违规违纪的严重性分别扣分(1.5分)。根据得分点，结合实际情况评分	
		专项资金管理办法 (1分)		专项资金管理是否制定和实施专项资金管理办法，是则得满分，否则得0分	
		内部控制制度与实施 (3分)		①部门是否制定内部控制相关制度，制度建设是否完善(1.5分)； ②内部控制实施是否严格，是否出现违规违纪事件(1.5分)。根据有关部门的巡视、检查、审计等结果，一般按出现每一违规违纪但未产生严重经济后果的行为扣0.15分，扣完为止；出现因未执行内部控制制度而导致出现重大管理事故的，得0分	
		廉政和法治 (2分)		此指标主要考察部门的法治水平，部门人员的法律意识和守法情况。年度内是否发生违法违规事件(不含内部控制)，是否有部门工作人员违法违规被处分、处罚等，是则得0分，否则得满分	
		事中绩效管理 (4分)	双监控 (2分)	①部门、科室、项目是否进行预算和绩效事中双监控(1分)； ②绩效监控是否有效，绩效监控表是否提供有效信息(1分)	
			结果应用 (2分)	事中绩效管理是否发现问题并及时反映、进行整改，有则得满分，否则酌情扣分	

一级指标	二级指标	三级指标	四级指标		指标得分标准	得分
过程 （20分）	组织实施	财务管理 （2分）			①部门财务管理制度是否健全（1分）； ②财务管理制度是否严格执行（0.5分）； ③会计人员执业能力是否能胜任工作，年度内是否出现财务核算问题（0.5分）。 根据得分点，结合实际情况评分。 根据巡视、检查和审计提出的问题，每个问题扣0.2分，扣完为止。如果财务管理问题造成重大经济后果和社会影响的，此指标得0分	
		资产登记 与管理 （2分）			①部门是否有相关资产管理和登记制度（1分）； ②是否及时办理资产登记，做好资产经营管理（1分）。 根据巡视、检查和审计结果，每个问题扣0.2分，扣完为止。如果出现重大问题，造成经济重大损失和严重社会后果的得0分	
产出 （30分）	基本支出 （11分）	市残联 （5分）	履职情况 （4分）		根据残联202×年工作计划，本指标从以下几点进行考察、评价残联在202×年是否正常履职： ①加强残联政治建设； ②巩固残联脱贫攻坚成果； ③加强残疾人康复服务； ④稳定和扩大残疾人就业； ⑤做好残疾人教育服务； ⑥维护残疾人合法权益； ⑦持续扎紧兜牢残疾人社会保障网； ⑧加强残疾人组织建设；等等。 根据202×年残联实际项目及工作情况，对上述8个方面是否正常履职进行评分。每点0.5分	
			成本费用	人员经费 （0.5分）	①人员经费是否按预算标准编制预算和发放； ②是否保障实际在编人员8人合理的工资福利待遇，维持市残联干部队伍的稳定。 每点0.25分，根据实际情况评分	
				公用经费 （0.5分）	公用经费是否能保障部门正常办公经费支出需要，是否规范使用，是则得满分，否则酌情扣分	

续表

一级指标	二级指标	三级指标	四级指标		指标得分标准	得分
产出 （30分）	基本支出 （11分）	就业服务 指导中心 （2分）	履职 情况 （1分）		①加强队伍建设； ②残疾人民生保障； ③做好残疾人就业服务工作； ④实施残疾人托养服务补助项目； ⑤残疾人职业竞赛人才选拔、集训工作； ⑥促进残疾人更高质量更稳定就业； ⑦残疾人教育； ⑧其他。 每点0.125分，结合实际情况评分	
			成本 费用 （1分）	人员 经费 （0.5分）	①人员经费是否按预算标准编制预算和发放； ②是否维持中心干部队伍的相对稳定。 每点0.25分，根据实际情况评分	
				公用 经费 （0.5分）	公用经费是否能保障部门正常办公经费支出需要，是否规范使用，是则得满分，否则酌情扣分	
		康复教育 中心 （2分）	履职情况 （1分）		A. 提升康复服务的质效（0.5分）； B. 加强政策宣传（0.2分）； C. 其他工作（0.3分）。 根据实际情况评分	
			成本 费用	人员 经费 （0.5分）	①人员经费是否按预算标准编制预算和发放； ②是否维持中心干部队伍的相对稳定。 每点0.25分，根据实际情况评分	
				公用 经费 （0.5分）	公用经费是否能保障部门正常办公经费支出需要，是否规范使用，是则得满分，否则酌情扣分	
		辅助器具 资源中心 （2分）	履职情况 （1分）		①持续推广网上服务平台，规范补贴程序（0.2分）； ②提供"一条龙"、"一站式"、零距离服务（0.5分）； ④加强人才培训（0.1分）； ⑤其他工作（0.2分）。 根据实际情况评分	

一级指标	二级指标	三级指标	四级指标	指标得分标准	得分
基本支出（11分）	辅助器具资源中心（2分）	成本费用	人员经费（0.5分）	①人员经费是否按预算标准编制预算和发放；②是否维持中心干部队伍的相对稳定。每点0.25分，根据实际情况评分	
			公用经费（0.5分）	公用经费是否能保障部门正常办公经费支出需要，是否规范使用，是则得满分，否则酌情扣分	
产出（30分）	项目支出（19分）	托养中心和康复中心（5分）	托养中心（2分） 数量指标（1分）	支付××市残疾人托养中心项目大楼的年度工程款	
			托养中心（2分） 时效指标（1分）	工程项目是否按合同规定时间竣工验收，是则得满分，否则得0分（有不可抗力因素除外）	
			康复中心（3分） 数量指标（1分）	支付××市残疾人康复中心项目（1栋）年度工程款	
			康复中心（3分） 时效指标（2分）	工程项目是否按合同规定时间竣工验收，是则得满分，否则得0分（有不可抗力因素除外）	
		关爱、补助、慰问残疾人（2分）	乘车优惠政策补贴（1分） 补助残疾人免费乘车人次	补助××城区残疾人免费乘车费用，保证县区残疾人至少××万次的免费搭乘公交车。补助按时支付并保证残疾人免费搭乘公交车的，则得满分，否则按实际补贴人次/计划补贴人数×分值计分	
			慰问、资助残疾人专项（1分） 慰问次数（0.5分）	是否按每户标准××元，慰问全县困难残疾人及家庭150以上，是则得满分，否则酌情扣分	
			慰问、资助残疾人专项（1分） 慰问标准（0.5分）		
		残疾人文体（4分）	手语栏目补助（0.5分） 播出期数（0.25分）	是否根据协议及时支付手语新闻栏目补助，确保全年计划播出××期以上，节目时长××分钟，是则得满分，否则按实际播出期数、时长/计划期数、时长计分	
			手语栏目补助（0.5分） 节目时长（0.25分）		

续表

一级指标	二级指标	三级指标	四级指标	指标得分标准	得分
产出 （30分）	项目 支出 （19分）	残疾人 文体 （4分）	宣传文艺 体育专项 （2分）	举办残疾人 文艺、体育 活动场次	是否按计划举办××市第×届残疾人运动会暨第×届特奥会；开展第××届残疾人健身周系列活动；在××区、区开展运动苗子选拔工作；举办"喜迎二十大跑出特奥新方向"趣味亲子运动会等活动×次以上得满分，否则酌情扣分	
			残疾人职业 技能竞赛 （1分）	期数	是否按计划举办1期全县残疾人职业技能竞赛（为参加省级竞赛选出参赛选手）（0.5分）；参赛选手是否大于等于××人（0.5分）	
				参赛人数		
			奖获奖运动 员及教练员 （0.5分）	奖励人次	是按标准发放第××届残奥会、第××届残运会获奖运动员及教练员××人次的奖励金，是则得满分，否则得0分	
		残疾人 就业 （2.5分）	超比例安排 残疾人就业 奖励 （1.5分）		202×年残疾人事业发展省级补助资金是否按照标准及时发放超比例安排残疾人就业补助，是则得满分，否则得0分	
			残疾人就业 培训 （1分）	举办场次	是否按计划至少举办残疾人就业招聘会1场；组织举办全县残疾人职业技能竞赛，组织参加省级、国家级职业技能竞赛1场；举办残疾人培训班1期，是则得满分，否则酌情扣分	
		残疾人 组织、 相关人 员培训 （3.5分）	残疾人五大协 会活动经费及 协会联络员工 资补贴、福利 待遇 （0.5分）		是否保障残疾人五大协会活动正常运行，是否保障协会联络员队伍稳定，是则得满分，否则酌情扣分	
			联络员聘用 （0.5分）	聘用联络 员人数	是否按计划聘用残疾人联络员××人，等于或超过25人则得满分，否则得实际聘用人数/25人×分值	
			全国助残日、 国际残疾人 日活动 （0.5分）		是否按计划开展1次助残日、国际残疾人日系列活动，是则得满分，否则得0分	

一级指标	二级指标	三级指标	四级指标	指标得分标准	得分
产出 （30分）	项目 支出 （19分）	残疾人 组织、 相关人 员培训 （3.5分）	残疾人联 络员培训 （0.5分）	培训期数 （0.25分）	经费是否按计划用于举办残疾人联络员培训班不少于1期，培训人数不少于145人次。大于等于145人次得满分，否则按实际培训人次/计划培训人次×分值计分	
				培训人次 （0.25分）		
			市残联第六 次代表大会 换届会 （0.5分）		是否保障市残联第六次代表大会换届会议顺利召开，是则得满分，否则得0分	
			其他培训费 （0.5分）		是否按计划完成残疾人基本服务状况和需求信息数据动态更新工作培训班；县级残联理事长培训；全县五大协会负责人培训等有关残疾人事业工作培训，共×期培训，大于等于×期则得满分，否则酌情扣分	
			康复技术专 业人才教育 （0.5分）	教育培训人次	是否按计划至少对×人次康复技术专业人才开展孤独症、智力、脑瘫、听力言语教育工作的培训，是则得满分，否则得0分	
		其他支 （2分）	辅具器具业 务专用车的 使用 （0.5分）		是否保外聘1名司机，障辅具业务专用车的正常使用，是则得满分，否则酌情扣分	
			辅助器具服 务技能提升 （0.5分）	参加培训人次	是否按计划组织至少×人参加省、县举办的辅具服务技能培训班，是则得满分，否则酌情扣分	
			搬迁干部住 房保障经费 （0.5分）		是否按要求完成对××市残联符合条件干部人员的补贴申请并及时发放到位，计划补助×人。如果没有达到×人，按实际人数/×分×值计分	
			党委工作 经费 （0.5分）	党建活动次数	是否计划开展党建活动不少于12场次，大于等于12场得满分，否则实际开展场次/12×分值计分	

续表

一级指标	二级指标	三级指标	四级指标	指标得分标准	得分
效果 （30分）	社会效益 （10分）			全县残疾人的民生是否得到相应保障，残疾人公共服务（包括康复、就业创业服务、特殊教育等）品质是否进一步提升，是则得满分，否则酌情扣分	
	可持续性影响 （10分）	项目支出形成资产的可持续性影响		各项目形成的资产是否可持续性产生影响；财政是否能够持续支持残联的各项事业发展；重大项目是否能持续得到财力支持；重大项目是否产生可持续性影响。能（是）则得满分，否则酌情扣分	
		财政支持的可持续性			
	服务对象满意度 （10分）			市残联是否得到县级、省级表彰、荣誉（2分）；市残联的活动是否得到省级以上主流媒体报道宣传（4分）；残疾人来信来访来电是否及时处理，处理率100%得4分，否则酌情扣分	
总分					

案例2的绩效问题：

通过调研、座谈、询问、收集和翻阅相关信息资料，评价小组发现，202×年××市残联正常履职并取得较好成绩，部门预算绩效管理基础工作较为认真、扎实，但部门预算绩效管理还存在一些问题，绩效管理质量还有较大提升空间。

部门整体支出各指标绩效状况与得分：

1. "决策"指标

（1）部门战略规划和年度计划（3分）。根据调研情况，××市残联制定明确可行的《××市"十四五"残疾人保障和发展规划》，规划思想、原则正确，路线清晰，任务目标明确具体。年度工作计划能围绕部门行业"十四五"规划拟定并实施。部门、科室和项目能围绕"十四五"规划和年度工作计划的目标任务安排相应的支出。此项指标得×分。

（2）部门投入程序规范性（3分）。经了解，市残联预算和绩效目标同时申报，同时批复。重大项目和使用政府债券资金项目（托养中心和康复中心项目）有进行相关可行性论证。但经翻阅托养中心和康复中心项目的可研报告，托养中心和康复中心建设项目的可行性研究有较大缺陷，即对项目运行的成本和收益缺乏科学合理的预测，项目未来收益的不确定性导致项目无法及时招标到第三方入驻运营。鉴于项目较为重大、尚未有有效对策、项目资源闲置，此项扣×分。此项指标得分×分。

（3）部门支出的公共财政属性（2分）。202×年××市残联的部门整体支出符合公共财政支持范围，各项活动充分体现公共财政的公平职能。此项指标得分×分。

（4）事前绩效管理（8分）。事前绩效管理指标包括绩效目标和事前绩效评估两个明细指标。其中，绩效目标指标主要从绩效目标明确性和合理性两个方面进行评价。翻阅市残联提供的绩效目标表，评价小组认为：绩效目标表提供一些有效信息，但指标还不够完整、合理、具体。具体问题见后面分析。有鉴于此，"明确性"此项扣×分。绩效目标的"合理性"主要是效果指标设置不合理，需要进一步提炼。此项扣×分。托养中心和康复中心项目未能做实事前绩效评估，项目未来运行成本和收益没进行预测，可行性论证不充分，项目绩效不确定的问题未能及时发现并解决，因此，此项指标扣1分。事前绩效管理指标得×分。

（5）资金预算（4分）。总体上，部门整体预算编制较为科学，人员经费和公用经费均有定额标准。根据市残联提交的项目佐证材料，项目预算编制也比较准确，或者有固定标准。但个别项目（比如托养中心和康复中心项目）未充分考虑各种因素而导致预算与实际支出出现一些出入，因在"立项程序规范性"等指标有扣分，此处只扣×分。资金分配较为合理，能根据部门职责、工作任务分配资金，或者根据项目的立项依据与用途安排资金，从提供绩效自评表和佐证材料看，资金使用与任务量较为匹配，资金分配保障部门和科室顺利履职。因托养中心和康复中心项目资金占项目资金的比重高达××%，此项指标扣×分。资金预算指标得×分。

2. "过程"指标

（1）预算执行率（4分）。202×年××市残联预算资金为××万元，实际支出为××万元①，预算执行率为××%。经了解，××市残联结余资金并无因主观原因而导致。此按照评分标准，预算执行率指标得×分。

（2）政府采购（2分）。××市残联制定政府采购管理制度。但根据××市财政局《财政监督检查整改通知》，202×年市残联A4纸采用线下自行采购，未按规定实行集中采购。托养中心和康复中心项目的加装电梯项目采用自行采购，未按规定实行分散采购。经了解，××市残联从节约成本角度出发对A4纸采用自行采购而非集中采购。尽管出发点是好的，但违背制度规定是事实，故而此处扣×分。加装电梯项目采用自行采购，据了解是招标代理机构将采购方式填写错误，实际是分散采购，故此处不扣分。政府采购指标得×分。

（3）专项资金管理办法。据了解，××市残联关于省级财政专项资金采用福建省残疾人联合会、福建省财政厅印发的《福建省残疾人事业发展专项资金管理办法》，未制定本单位省级财政专项资金的管理办法。此指标得×分。

（4）内部控制制度与实施②（3分）根据工作需要，××市残联制定《××市残疾人联合会信访工作制度》《××市残疾人联合会公务接待制度》《××市残疾人联合会内部控制工作方案》《××市残疾人联合会"三重一大"事项集体决策制度》《××市残疾人联合会预算管理制度》《××市残疾人联合会内部审计制度》《××市残疾人联合会预算绩效管理实施方案》《××市残疾人联合会资产管理制度》等38项制度，较为有效地构建了单位

---

① 数据包含预算调整数

② 此指标不包括政府采购、财务管理和资产登记与管理，这三项内容单独列示。

内部控制环境，有利于提高事业单位的管理水平。

经了解，总体上××市残联在202×年按内部控制制度和措施开展工作，年度内未发现重大的违规、违纪行为。但根据××市财政局《财政监督检查整改通知》，××市残联在202×年存在未开展内部审计、工会户存在一人办理货币资金业务全过程、零余额账户印鉴未分开保管等问题。根据评分标准，此指标扣×分。内部控制制度与实施指标得×分。

（5）廉政和法治（2分）。此指标主要考察部门的法治水平，考察部门人员的法律意识和守法情况。经了解，××市残联在202×年未出现人员违法违纪情况。此指标得×分。

（6）事中绩效管理（4分）。此指标包括双监控和结果应用。根据调研情况，××市残联在202×年按规定实施事中预算与绩效双监控。事中监控有一定成效，事中监控结果的应用还需要进一步推进。此指标得×分。

（7）财务管理（2分）。××市残联制定财务管理制度和财务人员管理制度。但根据××市财政局《财政监督检查整改通知》，××市残联财务管理问题较多，比如未制定财会管理操作规程流程图、往来款项未清理到位、会计人员业务能力有限、会计人员未参加继续教育、对公账户未开通短信提醒、每月未跟银行进行对账等。按照评分标准，此处扣×分。财务管理指标得×分。

（8）资产登记与管理（2分）。××市残联制定资产管理制度。但根据××市财政局《财政监督检查整改通知》，市残联未开展资产清查工作。根据评分标准，此处扣×分。此指标得×分。

3."产出"指标

202×年××市残联部门整体预算支出的"产出"由基本支出"产出"和项目支出"产出"构成。基本支出和项目支出构成部门整体支出的全部，按照基本支出和项目支出划分"产出"是符合逻辑。为了更好考察市残联整体支出是否具有部门绩效，评价小组将基本支出的"产出"按市残联和下属

3个事业中心设置明细指标，在每个明细指标下再设置"履职情况"和"成本费用"进行绩效分析。基本支出的"产出"分析残联和下属事业中心的"履职情况"属于"宏观绩效分析"。为了更为细致评价市残联的整体支出绩效，评价小组在项目支出的"产出"部分按照残联和3个事业中心202×年实施所有项目分为"托养中心和康复中心""补助、慰问残疾人""残疾人文体""残疾人就业""残疾人组织、相关人员培训""其他支出"6大类进行"微观绩效分析"。

（1）基本支出的"产出"（11分）。202×年××市残联的实际基本支出为×××万元（见表4-4），维持1个办公室、2个业务科室和3个下属单位的正常运转与履职。各部分的分值主要是综合考虑部门和中心的职能、地位和支配财政资金规模等进行分配。部门和中心的"履职情况"指标主要考察市残联作为全市残联领导部门和单位完成年度任务的基本情况。至于市残联负责的具体项目，其产出则在"项目支出"部分进行评价。

表4-4　　　　　　202×年市残联基本支出的实际支出数　　　　单位：万元

项目	市残联	就业服务中心	康复教育中心	辅助器具资源中心
人员经费	×××	××	××	××
公用经费	×	×	×	×
基本支出	×××	××	××	××

①市残联（5分）。根据市残联的工作计划，202×年残联的工作任务主要集中在：加强残联政治建设；巩固残联脱贫攻坚成果；持续扎紧兜牢残疾人社会保障网；稳定和扩大残疾人就业；加强残疾人康复服务；做好残疾人教育服务；维护残疾人合法权益；加强残疾人组织建设等方面。

××市残联202×年在以上各方面任务完成情况大体如下。

a. 加强残联政治建设。202×年市残联党支部共开展各类党建活动××场次，把学习习近平新时代中国特色社会主义思想作为首要政治任务，主动将习近平新时代中国特色社会主义思想贯彻到工作中。

b. 巩固残联脱贫攻坚成果。在市残联领导下，易返贫致贫残疾人"早发现、早干预、早帮扶"工作机制得以建立健全，202×年全县筛查重度残疾人×××人次，未发现残疾人规模性返贫和新致贫的现象。

c. 持续扎紧兜牢残疾人社会保障网。202×年全县筛查核实，新增×××名残疾人纳入低保、×××名残疾人纳入特困供养、××××名残疾人纳入临时救助。残疾人"两项补贴"惠及残疾人超过×万人次，发放补贴×××万元。建立"一户多残"专项补贴制度和残疾人意外伤害保险制度，为××××户××××名残疾人发放"一户多残"专项补贴，为××××名残疾人购买意外伤害保险。实施残疾人托养服务补助项目，投入资金×××万元，××××名残疾人获得补助。加强困难残疾人临时救助工作，全市残联系统全年共走访慰问困难残疾人家庭×××户，发放慰问金×××万元，同时，争取省残联、省残疾人福利基金会等单位救助金、慰问金××万元，用于帮助遭受洪涝灾害的残疾人家庭重建、修缮受损房屋和慰问困难残疾职工。

d. 稳定和扩大残疾人就业。为支持残疾人集中就业、超比例就业奖励、自主就业创业，202×年全县发放补贴和奖励资金×××万元，××××名残疾人受益。发放"扶持农村困难残疾人就业创业"项目资金×××万元，×××名困难残疾人获得补助。举办残疾人就业招聘会××场，提供各类岗位××××个，并对应届残疾人高校毕业生开展就业帮扶，××名有就业意愿的毕业生实现就业，就业率100%。全县新增残疾人就业×××人次，为×××名残疾人提供就业培训。建成残疾人辅助性就业机构×所，进入试运营阶段的残疾人辅助性就业机构×所。举办××市第六届残疾人职业技能竞赛，选拔推荐××名优秀选手和××件展能项目和文创作品参加福建省第七届残疾人职业技能竞赛暨展能节，残疾人××和参加第十届国际残疾人职业技能竞赛陶艺项目并获优秀奖，××参加福建省202×年电商直播大赛，获冠军。

e. 加强残疾人康复服务。202×年，在市残联领导下，×××××名残疾人得到基本康复服务，××××名残疾人得到辅助器具适配服务，康复服务率和覆盖面分别达 100%、38%，辅具适配率达 99%。×××名残疾儿童获得康复训练补助。

f. 做好残疾人教育服务。202×年全县残疾儿童少年接受义务教育比例达到 100%。实施"扶困助残大学生圆梦行动"等助学项目，为×××名困难残疾大学生和残疾人子女大学生提供资助学费。全年共有××名残疾考生参加高考（为 1 名残疾考生提供考试合理便利服务），××名高考考生被高等院校录取。

g. 维护残疾人合法权益。202×年市残联组织深入开展《中华人民共和国残疾人保障法》《福建省实施〈中华人民共和国残疾人保障法〉办法》等与残疾人事业密切相关法律知识的宣传工作，以"全国助残日""残疾预防日""国际残疾人日"等活动为契机，开展广场宣传、法治宣传进社区等形式多样的普法活动××余场。组建残疾人法律维权志愿服务团，在全县范围内遴选优秀律师、基层法律服务工作者为残疾人提供法律援助、救助服务。完善残疾人信访信息网络平台，畅通残疾人权益保障渠道。全县接待来信来访来电×××件次（含咨询），办理率 100%。

h. 加强残疾人组织建设。202×年成功召开市残联第六次代表大会换届会议。全县共举办各类残疾人联络员培训班××期，培训人数××××人次，有效提升联络员的业务水平和服务能力。继续做好残疾人基本服务和需求信息数据动态更新工作，全县共采集×××××名残疾人的基本信息和需求状况。全县新增"爱心助残驿站"××个。

此外，202×年××市残疾人无障碍环境建设持续优化，残疾人宣传文体活动丰富多彩。上述业绩证明××市残联部门在 202×年正常履职。

202×年市残联的基本支出实际数为×××万人，人员经费实际支出数××万人，按额定标准和相关规定发放。市残联干部队伍相对稳定。公共经费支出按人均×××元计，公用经费实际支出数×万人。基本支出按标准发放，公用经费控制在定额以内。市残联基本支出的产出指标得×分。

②就业服务中心。根据就业服务中心的 202×年工作计划，评价小组提

炼出就业服务中心"履职职能明细指标"的主要年度任务目标：a. 加强队伍建设；b. 残疾人民生保障；c. 做好残疾人就业服务工作；d. 实施残疾人托养服务补助项目；e. 残疾人职业竞赛人才选拔、集训工作；f. 促进残疾人更高质量更稳定就业；g. 残疾人教育；h. 其他。

根据调研，202×年××市残联就业服务中心完成年度任务目标的大体情况如表4-5所示。

表4-5　　　　　　　202×年就业服务中心履职情况

	履职情况	分值	得分
a	举办全市残联扶贫和教就工作人员培训班，全县共26人参加	××	××
b	202×年全县筛查重度残疾人××××人次，未发现残疾人规模性返贫和新致贫的现象。为全县××××户××××名残疾人发放"一户多残"专项补贴××万元。实施残疾人意外伤害保险制度，为××××名残疾人购买意外伤害保险。等等	××	××
c	全年发放"扶持农村困难残疾人就业创业"项目资金××万元，××名困难残疾人获得补助。截至第四季度全县城镇新增就业×××人，完成省残联下达任务×××%，农村新增就业×××人，完成省残联下达任务×××%。利用"全国助残日""国际残疾人日"等重要时间节点开展集中宣传活动22场。针对全县××××名就业年龄段内未就业残疾人开展就业状况调查，为有就业能力、有就业意愿的残疾人提供精准就业帮扶，对无就业能力的纳入兜底保障。等等	××	××
d	居家托养项目投入资金××万元，××××名残疾人获得补助。机构托养项目投入资金××万元，惠及××名残疾人	××	××
e	202×年××月××日至××日，××市第六届残疾人职业技能竞赛在××市××区顺利举办，来自全县××个县（县、区）的62名选手参加竞赛，选拔出××名成绩优异的选手组团参加福建省第七届残疾人职业技能竞赛	××	××
f	全县共举办菌类种植、蜜蜂养殖等各类农村实用技术培训，烘焙、家政等各类职业技能提升培训共××期×××人次	××	××
g	全县残疾儿童少年接受义务教育比例达到99%以上。为××名困难残疾大学生和残疾人子女大学生提供资助学费。全年共有××名残疾考生参加高考，××名高考考生被高等院校录取	××	××
h	加强盲人医疗按摩规范管理，部署完成"全国残疾人按比例就业联网认证"，开展"202×残疾人就业宣传年"活动、爱心助残活动，等等	××	××
合计		×	×

202×年就业服务中心在编人员×名，其中×名因考上研究生离职，目前在编人员×名；人员经费实际支出××万元，公用经费人均×万元，公用经费实际支出×万元。人员经费按标准发放，队伍相对稳定。公用经费控制在定额内。就业服务中心指标得×分。

③康复中心。根据康复中心202×年的工作计划，评价小组提炼出康复中心"履职职能明细指标"的主要年度任务目标：a. 提升康复服务的质效；b. 加强政策宣传；c. 其他工作。

根据调研，202×年××市残联康复中心完成年度任务目标的大体情况如表4-6所示。

表4-6　　　　　　　　　　202×年康复中心履职情况

	履职情况	分值	得分
a	202×年共计为×××名残疾儿童提供康复训练服务，共计发放残疾儿童康复训练补助资金××××万元。12月中旬对全县申报的××家残疾儿童康复救助机构开展现场评审工作，并在××市残疾人联合会官网公示了××市残疾儿童康复救助服务协议管理机构评审第一批通过的××家机构	××	××
b	加强残疾儿童康复救助及辅具适配等政策力度。利用全国助残日、爱耳日、残疾预防日等节日，大力宣传残疾儿童康复救助及辅具适配等政策等，同时，充分利用并发挥好市残联微信公众号、"残疾人在线"、各类宣传栏等平台作用，不断营造扶残助残的社会氛围	××	××
c	落实好各项疫情防控工作任务。督促指导儿童康复机构和企业落实好疫情防控主体责任；抓好防控的宣传教育。充分利用市残微信公众号、"残疾人在线"、LED显示屏等，大力宣传疫情防控政策和防控知识	××	××
合计			

康复中心人员在编人员×名；人员经费实际支出××万元，公用经费人均×万元，公用经费实际支出×万元。人员经费按标准发放，队伍相对稳定。公用经费控制在定额内。康复中心指标得×分。

④辅助器具资源中心。根据辅助器具资源中心202×年工作计划，评价小组提炼出辅助器具资源中心"履职职能明细指标"的主要年度任务目标

（见表4－7）：A. 持续推广网上服务平台，规范补贴程序；B. 提供"一条龙"、"一站式"、零距离服务；C. 加强人才培训；D. 其他工作。

表4－7　　　　　　　　202×年辅助器具资源中心履职情况

	履职情况	分值	得分
a	辅具综合服务平台注册用户共×万人。202×年全县共×××名残疾人在网上申请获得基本型辅具适配补贴，发放补贴资金×××万元，辅具适配服务率达100%	×	×
b	202×年，全县××个乡镇、村开展了"辅具流动服务车百乡行活动"，共服务了×××人次，超额完成年度×××人次任务目标，共适配轮椅、助听器、拐杖等各类辅具共×××余件	×	×
c	选送××名辅助器具适配服务工作人员参加全省辅助技术培训班，有效促进了残疾人康复辅具服务质量	×	×
d	以"爱耳日""全国助残日"节点为契机，广泛开展残疾的辅助器具适配服务宣传工作；探索推进辅助器具进社区、进机构、进家庭，不断满足残疾人多层次、多样化辅助器具服务需求；联合县卫健委和县财政局共同制定了《××市残疾人辅助器具服务管理办法（试行）》，规范服务机构管理	×	×
合计		×	×

辅助器具资源在编人员×名；人员经费实际支出××万元，公用经费人均×万元，公用经费实际支出×万元。人员经费按标准发放，队伍相对稳定。公用经费控制在定额内。辅助器具资源中心指标得×分。

（2）项目支出的"产出"。① 项目支出的"产出"指标由"托养中心和康复中心""补助、慰问残疾人""残疾人文体""残疾人就业""残疾人组织、相关人员培训""其他支出"6大类组成。

①"托养中心和康复中心"。"托养中心和康复中心"三级指标下设"托养中心"和"康复中心"2个四级指标，每个四级指标再下设数量和时效指标。项目支出按时支付年度工程款。

"托养中心"——××市××新区第一所公益房建项目主体工程基本完

---

① 项目支出的产出分析部分，数据若无说明出处的均来自绩效目标表、自评表和市残联提供。

成。"康复中心"——××市××新区第一所公益房建项目主体工程基本完成。托养中心和康复中心分在202×年1月和202×年××月通过验收。按照建设工程施工合同规定，托养中心项目应在202×年×月××日竣工，康复中房信建设项目应在202×年××月×日竣工，考虑项目推迟竣工有疫情和其他客观原因，时效指标酌情扣分，托养中心时效指标扣×分，康复中心时效指标扣×分。

托养中心和康复中心项目支出的产出指标得×分。

②"关爱、补助、慰问残疾人"。"关爱、补助、慰问残疾人"三级指标下设"乘车优惠政策补贴"和"慰问、资助残疾人专项"2个四级指标。

其中：202×年××市残联残疾人乘车优惠政策补贴实际支出××万元，用于补助××城区残疾人免费乘车费用，202×年度共对×××××趟次残疾人乘车进行补助。按实际补助免费乘车的残疾人次/计划补助人次（××万人次）×分值计，"乘车优惠补贴"指标得×分。

202×年××市残联共发放慰问金××万元，为全县×××名困难残疾人送去温暖与关怀。按标准实际慰问数×××人，大于计划数×××人。"慰问、资助残疾人专项"指标得×分。

③"残疾人文体"。"残疾人文体"三级指标下设"手语栏目补助""宣传文艺体育专项""残疾人职业技能竞赛经费""奖获奖运动员及教练员励金"4个四级指标。

其中：a.××市残联与××一套《新闻周刊》栏目共建，在栏目中播出手语新闻。每周播出一期，一年播出××期，营造良好的扶残助残氛围。202×年残联安排××万元经费，经费用途主要包括栏目人员、设备，以及聘请手语教师，负担其来往车费、住宿费、薪酬等。实际播出××期，大于计划目标××期，时长××分钟。此指标得×分。

b."宣传文艺体育专项"××万元，经费主要是用于开展县本级残疾人事业宣传、残疾人文艺、体育工作。为满足残疾人康复健身需求，绩效目标是："开展或参加残疾人文艺体育活动×场次"。实际是：举办××市第×届残疾人运动会暨第×届特奥会；在 a 和 b 区开展运动苗子选拔工作，举办"喜迎二十大跑出特奥新方向"趣味亲子运动会；开展第×届残疾人健身周系列活动共计 3 场。此指标得×分。

c. "残疾人职业技能竞赛经费"××万元，经费用于举办××市第六届残疾人技能竞赛。绩效目标是：举办一期技能竞赛，参赛人数大于××人。实际是：顺利举办残疾人技能竞赛，参赛选手约××人。此指标得×分。

d. "奖励获奖运动员及教练员励金"×××万元。××市运动员×××参加第十六届残奥会，在田径项目比赛获得 1 枚银牌。残疾人运动员在全国第十一届残运会暨第八届特奥会取得了×枚金牌、×枚银牌、×枚铜牌。根据××市相关文件精神，经费主要用于对××市参加第十六届残奥会、全国第十一届残运会的获奖运动员、教练员和赛事辅助人员进行奖励。绩效目标值是奖励运动员和教练××人次，实际奖励运动员和教练员××人次。此指标得×分。

④"残疾人就业"。"残疾人就业"三级指标下设"超比例安排残疾人就业补助"和"残疾人就业培训"。

"超比例安排残疾人就业奖励"经费×万元、残疾人事业发展资金与残疾人事业发展省级补助经费××万元，共计××万元，实际支出××万元，对县本级用人单位超比例安排残疾人就业予以奖励。实际是：202×年，福建省××市 A 玻璃有限公司超比例安排残疾人数××人，奖励×××××元；福建省 B 电子有限公司超比例安排残疾人数×人，奖励××××元。此指标得×分。

"残疾人就业培训费"×万元，实际支出×万元。绩效目标是举办×场的活动。实际是：举办残疾人就业招聘会×场、举办职业技能竞赛×次、举办残疾人和工作人员培训班×次。此指标得×分。

⑤"残疾人组织、相关人员培训"。"残疾人组织、相关人员培训"三级指标下设"残疾人五大协会活动经费及协会联络员工资补贴、福利待遇""聘用联络员工资""全国助残日、国际残疾人日活动经费""残疾人联络员培

训""换届经费""培训费""康复技术专业人才教育经费"7 个四级指标。

其中："残疾人五大协会活动经费及协会联络员工资补贴、福利待遇"经费×万元，实际支出×万元。绩效目标：开展聋人协会、盲人协会、肢残人协会等五大协会活动×次，残疾人参加协会活动达××人以上。实际是：举办协会活动×次，参加人数××人。此指标得×分。

聘用联络员经费××万元，其中××万元下拨给××区，县级实际支出×万元。绩效目标：聘请××名联络员。实际是聘请名××名联络员。此指标得×分。

全国助残日、国际残疾人日活动经费×万元，实际支出×万元。绩效目标：举办×场活动。实际是：开展×次全国助残日系列活动。此指标得×分。

残疾人联络员培训，经费×万元，实际支出×万元。绩效目标是对残疾人联络员进行×××人次的培训。实际是于对残疾人联络员进行×××人次培训，有效地提升了联络员综合素质和业务水平。此指标得×分。

换届经费××万元，实际支出××万元。绩效目标是：召开××市残联第六次代表大会换届会议。实际是：202×年××市残联成功召开市残联第×次代表大会换届会议。实际参会××人，会议选举市残联第×届主席团委员。此指标得×分。

其他培训经费×万元，实际支出×万元，经费主要用于残疾人基本服务状况和需求信息数据动态更新工作培训班、县级残联理事长培训、全县五大协会负责人培训等。绩效目标是：举办×场。实际是举办×场。此指标得×分。

康复技术专业人才教育经费×万元，实际支出×万元。绩效目标是：对孤独症、智力、脑瘫、听力言语康复人才开展×人次的教育培训。实际是开展×人次教育培训。此指标得×分。

⑥其他支出。其他支出三级指标下设"辅具器具业务专用车的使用""辅助器具服务技能提升""搬迁干部住房保障经费""党委工作经费"4 个四级指标。

其中："辅具器具业务专用车的使用"经费×万元，实际支出×万元。

绩效目标：外聘人员×名。实际是：聘用×名临时驾驶员，包括支付驾驶员工资、差旅费、劳务派遣服务费、其他工资福利等费用。此指标得×分。

"辅助器具服务技能提升"经费×万元，实际支出×万元。绩效目标是：组织×人参加培训。实际是：组织×人次参加省、县举办的辅具服务技能培训班。此指标得×分。

"搬迁干部住房保障经费"×万元，实际支出×万元。绩效目标是：为×名干部提供住房经费补助。实际是：为搬迁的×名干部提供住房经费补助。此指标得×分。

"党委工作经费"×万元，实际支出×万元。绩效目标是：开展××场次党建活动。实际是：202×年市残联党支部共开展各类党建活动××场次，征订党报党刊等学习教材等。此指标得×分。

4. 效果指标

残联部门整体支出的效果指标主要包括社会效益、可持续性影响和服务对象满意度。

（1）社会效益。202×年××市残疾人民生进一步得到保障。筛查重度残疾人××××人次，未发现残疾人规模性返贫和新致贫的现象。通过筛查核实，新增×××名残疾人纳入低保、×××名残疾人纳入特困供养、××××名残疾人纳入临时救助。残疾人"两项补贴"再次提标，惠及残疾人超过×万人次，发放补贴××××万元。建立"一户多残"专项补贴制度和残疾人意外伤害保险制度。加强困难残疾人临时救助工作，全市残联系统全年共走访慰问困难残疾人家庭×××户，发放慰问金×××万元。残疾人公共服务质量进一步提升。××市加强残疾人康复服务，实施残疾人精准康复服务行动，全县康复服务率和覆盖面分别达100%、37.76%，辅具适配率达99.94%。加强专业康复机构建设和事中事后监督，为全县民办残疾儿童康复机构提供每人每年×××元的机构运营补助，×××名残疾儿童获得康复训练补助，积极开展残疾人就业创业服务工作。发放补贴和奖励资金×××

万元，用于支持残疾人集中就业、超比例就业奖励、自主就业创业社会保险补贴等，××××名残疾人受益。发放"扶持农村困难残疾人就业创业"项目资金×××万元，×××名困难残疾人获得补助。举办残疾人就业招聘会××场，提供各类岗位××××余个，并对应届残疾人高校毕业生开展就业帮扶，××有就业意愿的毕业生实现就业，就业率100%，等等。综观各方面，在××市残联组织领导下，202×年××市残联部门整体的社会效益绩效较理想。此指标得分为×分。

（2）可持续性影响。××市政府一直非常重视残联事业的发展，财政部门一贯给予大力支持，残联事业具有可持续性发展的政治和经济基础。从残联部门近几年开展的建设与活动看，许多项目也具有持续性影响，比如手语新闻、体育活动、康复人才培养、残疾人就业创业补助等。但托养中心和康复中心项目面临问题较多，短期内要运营还有不少困难要克服。××市扶持残疾人就业奖补政策的实施面临资金压力，省级补助资金已无结余，县财力较为薄弱，政策资金只能靠省里的支持。考虑上述两方面原因，此指标得×分。

（3）服务对象满意度。××市残联在民生保障、公共服务、权益保障等各方面工作取得扎实的成绩，这些成绩在各级媒体得到广泛宣传，比如《××××：无障碍体验 感受"无障爱"》《×××：搭建线上平台残疾人证"一次办"》在"学习强国"平台刊播，《××启动202×年残疾人家庭无障碍改造申报》等××篇报道在省级以上媒体刊播（不含省残联微信公众号）。××市残联完善残疾人信访信息网络平台，畅通残疾人权益保障渠道。202×年全县接待来信来访来电×××件次（含咨询），办理率100%。此指标得×分。

案例 2 的绩效与问题分析：

202×年××市残联部门整体支出绩效较为明显，但评价也发现部门整体支出绩效也存在一些问题，具体如下：

（1）绩效目标管理水平有待提升，尤其是项目绩效目标管理。绩效目标管理是全过程预算绩效管理的开始和基础。绩效目标管理主要通过填写绩效目标表实现。绩效目标表包括项目资金、项目总体目标、绩效目标指标 3 个内容，其核心是绩效目标指标的设置。从××市残联提交的部门整体支出绩效目标表和项目绩效目标表看，绩效目标管理相对规范、完整。部门整体绩效目标指标设置是罗列各项目的关键绩效目标指标，但未设置基本支出的绩效目标。部门整体绩效目标指标还要进一步完善。

项目绩效目标表的填制的问题是：①个别项目资金数与财政局批复的预算数不一致，比如托养中心和康复中心项目的绩效目标表，其项目资金分别填列为×××万元和××万元，这与××市残联提供给评价小组的预算数据（×××万元和××万元）不一致。②项目总体目标的表述还不够合理、完整。目前，项目绩效目标表的总体目标填写内容不统一。有的项目绩效目标表的总体目标填写资金主要去向和计划任务数，比如残疾人宣传文艺体育专项经费的绩效目标表；有的填写立项依据，比如残疾人乘车优惠政策补贴经费的绩效目标表；有的填写与项目不太一致的内容，比如托养中心项目的支出是支付托养中心一栋楼的建设尾款，但其绩效目标表的总体目标填写"为符合条件的智力、精神和重度残疾人提供基本生活照料和护理、生活自理能力训练、运动功能训练等方面服务"。"总体目标"内容的填写应包括项目立项依据、意义、主要任务、各项任务的计划目标和具体资金分配。③部分绩效目标指标设置和表述不够清晰、不够准确、不够规范。例如：a. 残疾人乘车优惠政策补贴经费。"产出"指标的"成本指标"填写项目预算支出（××万元）是不准确的，应该填写每次乘车的补助金额（单位补助金额）。"单位补助金额"而非项目预算支出，作为成本指标才是有效信息。有些项目不存在单位补助金额，那成本指标可以不用填写。b. 残疾人宣传文艺体育专项经费。该项目的支出内容较复杂，应分内容设置具体数量指标。但绩效目标表的"产出"指标之数量指标仅填写大于等于 2 场。数量指标太笼统、不清晰，不能反映资金具体去向和完成任务数，无法解决预算资金使用过程的"信息不对称"问题。c. 托养中心项目。该项目的效果指标的填写不完整、不准确。托养中心项目具有"可持续性影响",但绩效目标表并未列示。托养中心项目的"可持续性影响"可根据项目持续存在年限填写指标目标值。社会效益二级指标下设"××市××新区第一所公益房建项目"三级指标,且目标值填写大于等于85%,指标和目标值的设置无效。托养中心项目的社会效益应以其服务地域和人口范围设置指标和目标值。

(2)项目设置过于琐碎,绩效管理低效。202×年××市残联的项目资金少则×万元、×万元,多达×××万元、×××万元,项目多达×项。按规定,每个项目都要进行全过程的预算绩效管理,包括事前绩效目标表填制、事中绩效监控和事后绩效评价。项目金额小、设置过于琐碎将导致预算绩效管理任务繁重且低效,比如202×年××市残联关于对用人单位超比例安排残疾人就业予以奖励的项目,根据资金来源设置4个项目,4个项目预算支出共计××万元,实际支出××万元。4个项目要填制4份绩效目标表、4份绩效自评报告,并实施事中绩效监控,但实际只是补助2家用人单位,预算绩效管理过于烦琐、低效。

(3)事前绩效评估工作不够扎实,地方政府一般债券项目论证不足。新项目、建设项目、重大项目要进行事前绩效评估。根据××市残联提供佐证材料,康复中心和托养中心项目计划开工日期分别为201×年×月××日和202×年×月××日,计划竣工日期分别为202×年××月×日和202×年×月××日。然而,根据验收报告,康复中心和托养中心的主体工程竣工验收时间是202×年××月××日和202×年××月××日。截至评价时,托养中心和康复中心尚未招标到合适的第三方入驻经营。托养中心和康复中心未能按时投入使用固然有其客观原因,但项目事前可行性论证不充分是最为主要原因。201×年关于托养中心和康复中心项目的可研报告回应了项目建设的必要性、需求和建设规模的确定、投资估算和资金筹措与用款计划等问题。然而,项目可行性报告是以××市残疾人口为基础进行项目的需求论证,但可行性论证忽略残疾人口所在家庭的经济条件,也忽视本地残疾人口及其他配套措施的现状。可行性报告也未对项目运营的成本和收益进行预测。项目未能及时招标到合适的第三方入驻经营的主要原因是经营收益存在较大不确定性。

（4）绩效自评表填报过于简单，有效信息提供不充足。根据××市残联提供的相关材料看，目前绩效自评表的质量较为一般，仅是简单回应绩效目标表各项产出和效果指标的完成情况，缺乏具体、有效的数据绩效信息。项目更为详细的绩效信息必须通过阅读佐证材料才能获得，这显然影响绩效自评表解决"信息不对称"功效的发挥，也不利于自评结果的应用。比如"残疾人五大协会活动经费及协会联络员工资补贴、福利待遇等"项目绩效自评报告的项目概况仅仅回应项目资金的使用去向；主要成效也仅是简单表述为"五大协会根据专属节日开展活动，年终开展慰问送温暖等"一句话。有的项目甚至不填写"主要成效"，比如残疾人就业培训费项目绩效自评报告缺乏具体数据信息以反映各项任务完成情况；绩效分析内容对各项产出和效果指标仅是简单表述为"目标值是多少，完成值是多少"。其余项目绩效自评表都有类似问题。项目绩效自评表是部门整体支出绩效自评表的填制基础，项目绩效自评报告过于简单、缺乏有效信息直接导致部门整体支出绩效自评表也存在同样的问题。

（5）内控制度需要进一步完善，财务管理工作需要加强。根据××市财政局《财政监督检查整改通知》，202×年市残联未开展内部审计、未按规定采购组织形式开展采购、未开展财产清查、会计每月未到银行进行实体账户对账、对公账户未开通短信提醒、零余额账户印鉴未规定分开保管、会计人员未按规定参加后续教育、往来款项未清理到位、未制定财会管理操作流程图、会计人员业务执业能力不足等问题。市残联要进一步完善内部控制制度，严格实施内部控制制度，提高会计人员执业水平，加强单位财务管理。

（6）部门整体支出存在可持续性问题，部门主要职能的履行缺乏足够的资金保障。根据调研所知，××市扶持残疾人就业奖补政策资金存在较大压力，省级补助资金已无结余。××市财力较为薄弱，政策执行的延续性更多的只能寄希望省级加大对××市助残项目资金扶持力度。由于事前绩效评估不足，托养中心和康复中心项目自 201×年建设至今尚不能投入运营使用，202×年两个项目的支出占项目支出总金额××%，这对部门整体支出的可持续性影响带来很大负面影响。202×年的预算资金为×××万元（含预算追加），项目资金为×××万元，资金无法保障市残联充分履行各项职能。

案例 2 的评价结论与对策建议：

经评价，202×年××市残联部门整体支出绩效评价得××分。××市残联的部门整体支出在部门预算编制依据是充分的，程序相对规范，基本支出和项目支出的公共财政属性明显，资金预算编制有一定标准，资金分配结构相对合理。总体看，部门治理较为规范。基本支出和项目支出的"产出"总体较好，社会效益、可持续性影响以及服务对象满意度较为理想。当然，如前所述，202×年××市残联整体支出绩效也存在一些问题。评价小组就此问题提出如下对策建议。

（1）着力夯实预算绩效管理基础，提高绩效目标表填报质量。绩效目标管理是预算绩效管理的基础，是全过程预算绩效管理的关键，其主要工作是填制绩效目标表。部门整体支出包括基本支出和项目支出两部分。基本支出和项目支出的绩效目标表是部门整体支出绩效目标的填制依据，因此提高基本支出和项目支出绩效目标表的填制水平，尤其是提高项目绩效目标表填制水平就会提高部门整体绩效目标表填制水平。

项目绩效目标表包括项目资金、项目总体目标、绩效目标指标 3 个内容。①鉴于目前××市残联项目绩效目标表的总体目标填制不统一，建议项目绩效目标表的总体目标统一填写项目立项依据、意义、主要任务、主要任务的计划目标和具体资金分配。②项目的"产出"指标要更加具体化。目前，项目绩效目标的"产出"指标一般是简单按数量、质量、时效和成本分类各填写 1 个指标，指标的设置过于简单。建议"产出"的数量指标按直接产出和间接产出指标尽量多设置几个明细指标，以此反映项目资金支出的具体产出。比如换届大会经费，"产出"的数量指标不仅设置"会议场次"这个三级指标，还要设置"参会人数"和"会议天数"等三级指标，以此反映换届大会的具体情况。"时效"指标的目标值不能简单设置为大于等于12月，要更加准确一些（例如9月前），如此才能有效地进行事中绩效监控；成本指标最好按"每人经费标准"进行指标和目标值的设置。质量指标的明细指标不要设置成"会议完成率"，如果确实没有合适指标，质量指标也可以不设置。③项目"效果"指标根据实际情况设置经济效益、环保效益、社会效益、可持续性影响和服务对象满意度指标。按残联的部门职能和工作性质，项目支出大多为社会效益、可持续性影响和服务对象满意度。社会效益是指项目实施后给社会带来的正面影响，比如残疾人运动会的社会效益，可以"各级媒体的宣传报道数""媒体宣传报道的点击阅读或收视率"等作为明细指标；再比如手语节目的补助经费，其社会效益指标下可设"节目覆盖县（区）"和"节目覆盖人数"等明细指标。可持续性影响主要评价项目实施产生的服务、资产和人员团队是否可以持续产生影响，比如康复人才的培训，人才是可以持续产生影响的，可通过康复人才持续服务年限和地域范围设置明细指标和目标值。服务对象满意度要做好平时的问卷调查，以备评价使用。

财政资金分配按照"绩效好的项目优先安排，绩效一般的项目可适当减少安排，绩效不好的项目不安排"的原则进行。项目绩效目标的"产出"和"效果"指标设计就是要尽量提供有效信息证明项目资金支出是有绩效的。

（2）科学分类与整合现有项目，高质量地进行预算绩效管理。2006年我国政府收支分类改革进入实施阶段，新的政府收支分类更加细化、清晰地反映政府支出的去向。在"控制型"预算时期，细化预算编制是缓解财政部门与资金使用单位之间"信息不对称"问题的有效手段。实施全面预算绩效管理后，预算管理强调结果导向，绩效目标管理、事前绩效评估、事中绩效监控和事后绩效评价等手段的应用能较有效地解决财政部门与资金使用单位之间"信息不对称"问题，因此，细化预算编制的思维要随着全面预算绩效管理的实施而改变。科学分类、整合现有项目是高质量预算绩效管理的基础，例如可以考虑将"对用人单位超比例安排残疾人就业予以奖励"整合为一个项目进行预算绩效管理，换言之，将所有此类项目在同一绩效目标表、事中绩效监控表和事后绩效自评报告进行管理。同理，儿童服务叠加补助项目归类管理，换届经费与五大协会活动经费归类管理、康复人才培训归类管理，等等。

（3）强化财政资金使用的绩效意识，做足做实建设项目的论证工作，多部门联合开展事前绩效评估工作。2018 年中共中央、国务院颁布的《全面实施预算绩效管理的意见》的基本原则提到"既要关注项目的科学性和准确性，又要兼顾项目的必要性和有效性""切实做到花钱必问效、无效必问责"。从立项依据看，××市残联的托养中心和康复中心建设项目的必要性显然是不存在问题，项目建设完成并投入使用后必然具有一定的社会效益。然而，托养中心和康复中心项目计划采用"引入第三方按市场规则运营"的模式。因此，项目的可行性报告应该对项目所在地的残疾人人口、残疾人家庭收入水平、配套设施等进行充分的分析，预测项目运营的收益和成本情况，确保项目运营具有一定的收益。

然而，××市残联的托养中心和康复中心的可行性报告并未回应上述这些问题。潜在的第三方对该项目未来收益缺乏信心，项目至今尚未投入运营，项目的公共资源出现闲置。建议××市残联要主动、积极向政府反映项目后续实施存在的困难，认真研究并提出确实可行方案，尽早推动托养中心和康复中心项目投入运营使用。今后，××市残联要强化财政资金使用的绩效意识，做足做实建设项目的可行性论证工作。重大建设项目最好采用多部门（发改、财政局和资金使用单位等）联合开展事前绩效评估工作，并以事前绩效评估结果作为项目支出安排决策依据。

（4）努力提高绩效自评表填报质量，增强绩效自评表的结果应用性。绩效自评表是财政部门判断项目资金使用是否有绩效的直接依据，也是第三方进行事后绩效评价的重要材料。今后，××市残联要努力提高绩效自评表的填报质量，提供更具体、有效的数据绩效信息。

评价小组建议：绩效自评表的"项目概况"主要填写立项依据、意义、项目资金规模、项目资金主要用途；"主要成效"填写项目支出形成的直接产出（服务、商品、无形资产、固定资产、生物资产等）和间接（或者最终）产出（比如会议、比赛、活动等），以及社会效益、可持续性影响和服务对象满意度。"主要成效"的内容要尽量用数据证明而非定性分析。"绩效分析"要针对绩效目标表的各项指标进行回应，要表述具体、完整。残联要围绕部门"五年规划"和年度计划的目标和具体任务，以项目绩效自评价报告为基础，提炼项目关键性指标的成绩，再汇总填报部门整体支出绩效自评表。

（5）完善内部控制制度，提高财务管理水平。市残联要进一步完善内部控制制度，严格实施内部控制制度，按规定实施政府采购。会计人员要按规定参加继续教育，提高会计人员从业水平，每月要按时跟银行进行实体账户对账，开展年度内部审计和财产清查，对公账户开通短信提醒，零余额账户印鉴未分开保管，加强单位财务管理，等等。

（6）保障部门主要职能履行，提高部门整体支出可持续性。××市财力较为薄弱，市残联的年度预算资金较有限，保障部门主要职能的履行是预算资金分配的大原则，市残联要围绕这一原则优化预算资金分配结构，集中财力履行主要职能，尤其是残疾人就业和康复两方面的工作。此外，努力争取省级资金支持，提高部门整体支出可持续性。

案例 2 的总结分析：

本案例与案例 1 的产出指标设计思路上并无差别，仍然是按项目支出类别设置产出明细指标。由于项目众多，笔者将项目进行适当归类提炼，最终形成"托养中心、康复中心和福乐家园""补助、慰问残疾人""残疾人文体""残疾人就业""残疾人组织、相关人员培训""其他支出"6 大类，并以此作为产出的三级指标，而各个具体的项目支出作为产出的四级指标。因此，部门整体支出绩效评价问题主要就是项目支出绩效评价问题。本案例在产出指标下"基本支出"二级指标按照科室再设置三级指标，"科室"三级指标再下设"履职情况"和"成本"四级指标。其中，"履职情况"指标根据各个科室年度工作计划任务设置评价指标的标准值，将实际完成情况与计划任务对照进行评价。诚然，科室年度计划任务完成情况与年度预算拨款数（包括具体项目金额）直接相关，因此，在"基本支出"指标下评价各科室的"履职情况"需要慎重考虑各个因素的影响。

两个案例都采用基本支出和项目支出作为产出的二级指标，而不是采用科室作为产出的二级指标。之所以如此，原因是科室的履职情况最终是由预算拨款决定，因此，笔者在实践中经常采用基本支出和项目支出作为产出的二级指标。然而，在其他案例中，基本支出和项目支出并不一定适合做产出的二级指标，比如案例3。

案例3：××县教育局整体绩效评价

案例3关于××县教育局概况介绍：

××县教育局内设办公室、党办、人事股、中成职教股、初幼教股、发展规划与财务建设股、安全股、行政审批服务股、教育督导股、体育卫生和艺术股、教学仪器站、电大工作站、助学中心、招生办、职改办、工会、全县各中小学校。202×-202×学年××县辖区内各学校×××所，包括普通高中×所、完中×所、初级中学××所、小学××所（其中完小××所、教学点××个），幼儿园（班）×××所、特殊教育学校×所、中等职业学校×所。202×年秋季××县在校学生×××××人（其中幼儿×××××人、小学生×××××人、特校×××人、初中生×××××人、高中生××××人、职专学生×××人）。××县中小学幼儿园现有在编在岗教职工××××人，具体结构是中学×××人、小学×××人、职专×××人，特校××人，幼儿园×××人。

202×年度××县教育局预算收入×××××万元，其中：一般公共预算拨款×××××万元、政府性基金预算财政拨款收入×××万元，纳入专户管理的非税收入拨款×××万元、其他收入×××万元。动用上年结余×××万元、动用事业基金××万元。202×年度教育局整体实际支出×××××万元，其中：工资福利支出×××××万元、一般商品和服务支出×××××万元、对个人和家庭的补助×××万元，资本性支出（基本建设）×××万元，资本性支出××××万元。

案例3的评价指标设计与说明：

教育局部门整体支出绩效评价指标是围绕××县"十三五"教育专项规划目标，以部门整体履职情况为依据，结合各类教育的主要产出进行设计。此次评价是年度部门整体绩效评价，指标体系设计还充分考虑202×年教育局财政支出结构和年度工作计划。评价小组从问题导向和管理目标出发采用关键指标法（KPI），按决策、过程、产出和效益四个一级指标制定明细的评价指标。四个一级指标设明细指标如下：

（1）"决策"一级指标下设"部门投入""绩效目标""资金预算与分配"3个二级指标及8个三级指标。

（2）"过程"一级指标下设"资金管理"和"组织实施"2个二级指标、6个三级指标及2个四级指标。

（3）"产出"一级指标下设"特殊教育""学前教育""小学教育""初中教育""普高教育""职业教育""进修学校""电大教育""安全文明校园"9个二级指标，以及数量、质量保障和年度投入3类三级指标、56个四级指标。

（4）"效益"一级指标下设"实施效益"和"服务对象满意度"2个二级指标、"社会效益"和"可持续性"2个三级指标和2个四级指标。

案例3的部门整体预算绩效与问题分析：

（一）部门整体预算绩效

（1）部门投入情况。××县教育局制定了"十三五"教育发展专项规划，明确了"基本实现教育现代化，基本形成学习型社会，进入教育强县行列"的发展目标。从 20××年教育支出和实际工作情况看，××县确实做到坚持教育优先原则，在各类教育工作中努力贯彻实施教育公平原则；202×年××县教育预算安排获财政局批复；县教育局按规定设置了 202×年部门整体绩效目标表，并做了 202×年教育部门绩效的自评报告；教育局预算支出中××%为工资福利支出，此部分有明确的支出标准。一些项目出现实际执行数大于预算，主要原因一是对经济形势和政策风险估计不足，二是项目支出缺乏明确的预算标准；预算资金分配结构与履职较为匹配，预算资金具体安排如下：教育管理事务支出×××万元、学前小学初高中教育××××万元、职业教育××××万元、电大进修学校特殊教育×××万元。

（2）过程管理情况。202×年县教育局预算资金到位率 100%，预算执行率 100%；县教育局及各个学校按规定履行政府采购程序；经登录××县政府网站并搜看"教育信息公开"，评价小组认为，××县教育局的信息公开较为及时且规范；未有证据发现 202×年教育局内部有违反中央八项规定精神的行为。教育局内部审计发现×所学校出现营养餐的管理不规范问题、×位人员出现违法违纪，教育局已经对此作出相应处理。××县教育制定有财务管理制度、小型基建维修工管理规定、建设工程竣工验收制度、初中招生有关工作规定、普惠性民办幼儿园认定管理办法、教育系统专业技术等级职务聘任指导性意见等制度。未见省市转移专项资金的专门管理规定；鉴于 202×年 4 月××县审计局的《××县教育局 2019 年度预算执行情况审计报告》和《××县教育局领导干部经济责任审计》所发现的问题，评价小组认为，××县教育局的"内部管理制度和实施"指标尚存问题，内部管理制度还有进一步完善空间，内部管理制度的实施工作还需加强。

（3）部门产出情况。教育局部门整体产出主要采用特殊教育、学前教育、小学教育、初中教育、普高教育、职业中专、进修学校、电大教育、安全文明校园等指标来衡量。各类教育的产出一般包括数量指标、质量保障指标和年度投入指标。数量和质量保障采用关键指标法，旨在反映各类教育主要而非全部的产出和质量保障信息。

①特殊教育情况。目前××县有特殊教育学校×所，能满足特殊教育的需要。202×年特殊学校的在校学生数、入学学生数和毕业学生数分别是×××人、××人和××人。特殊教育学校目前有在编在岗位教职工××人，且呈现专业化和年轻化特点，能满足特殊教育的需要。学校现占地面积为××××平方米，建筑面积××××平方米，运动场面积×××多平方米全部塑胶化，校园绿地面积××××平方米，覆盖率达到××%。建有教学楼、生活办公综合楼各×幢，有×××米以上环形跑道和×××米直跑道以及×个篮球场、×个羽毛球场、×个乒乓球台、跳高跳远沙坑场地、儿童乐园等；食堂按标准建设，餐厅能同时容纳全校×××多名师生就餐，设施设备及相关证件齐全，能满足师生生活需要。家政室、烹饪、劳动技术室各×间，并配有蔬菜种植基地×××多平方米。有图书阅览室×间，藏书×××册。体育器材室1间，并按标准配备相关设施设备。配置了室内运动康复训练室、感觉统合训练室、音乐律动训练室，美术手工室、心理评估咨询与康复室、早期干预室、言语功能评估与训练室、认知能力评估与训练室、多感官功能室等×个康复教室及配套设备。学校基础设施建设良好，能较好满足特殊教育需要。

年度财政投入能满足特殊学校教育的需要。202×年特殊教育学校财政拨款数为×××万元，当年度费用支出为×××万元。202×年12月31日特殊学校尚留存相当数量的往年结余。

②学前教育情况。202×年××县拥有幼儿园×××所，其中普惠性幼儿园×××所，普惠性民办幼儿园××所，全县学前三年入园率达××%。202×年××县推进6所公办幼儿园项目建设（××第四中心幼儿园、××第二实验幼儿园、×××幼儿园、××××幼儿园、×××幼儿园、××中心幼儿园共×所幼儿园），总投资约×××万元，新建园舍总面积×××××平方米。新幼儿园新增学位数×××个，有效扩大普惠性学前教育资源供给，提升公办幼儿园占有率。总体上看，公办幼儿园比例偏低，城区城郊公办幼儿园覆盖面较低。公办和私立学校规模基本能满足学前教育的需要。

202×年××县幼儿园入学学生数为公办幼儿园×××人、私立幼儿园×××人；毕业生人数为公办幼儿园×××人、私立幼儿园×××人。202×年秋季××县幼儿园在校生人数为×××××人。按目前×××所幼儿园计，××县每所幼儿园平均学生数为×××人。202×年××县公办幼儿园生师比为××：1（2018年为××：1），私立幼儿园的生师比数据因缺乏资料无法计算。总体情况是，幼儿园师资缺乏且私立幼儿园的师资存在良莠不齐的现象。此外，公办幼儿园和私立幼儿园的设施差异较大，公办幼儿园的基础设施相对齐全和完善。

③小学教育情况。202×年××县拥有小学××所（其中完小××所、教学点××个），202×年秋季××县小学在校生××××人，平均每所学校在校生×××人。仅从数量上看，学校数基本能满足小学教育的需要。但学校分布结构出现城区学校学位不足和一些新校区及农村小学学生数不足共存的现象。

202×年××县小学入学学生数和毕业生数分别为××××人、××××人。截至202×年，全县小学义务教育巩固率达到100%；202×年××县小学学生各类获奖为××××人次（2018年和2019年分别为×××人次和×××人次），教师获得的荣誉为×××人次（2018年和2019年分别为×××人次、×××人次），教师发表论文和专著数为×××篇（本）（2018年和2019年分别为×××篇、×××篇）。从实际结果看，学生获奖、教师获得荣誉、教师发表论文和专著这三个指标数值都比以往年度有所提高。

202×年××县小学生师比为××：1（2018年为××：1），近三年，××县小学生师比略有升高；生机比为×：1（低于标准15：1）；每生拥有图书量（册/人）为×××：1（低于标准30：1）；202×年教师交流次数指标值不太理想，为×××人次（2018年和2019年分别为×××人次和×××人次）；××县小学普遍较重视劳动教育，强调把劳动教育纳入人才培养全过程，许多学校都开设劳动课。小学学校注重道德培养。为增强中小学生的诚信意识，树立诚信典型，发挥道德榜样作用，教育局联合县诚信促进会开展了202×年××县中小学生"诚信之星"评选活动。在"美育"方面，目前××县小学尚未形成"一校一特"，即每个学校形成以舞蹈、音乐、绘画、书法、雕塑等某方面为主的艺术兴趣小组。

202×年××县小学教育财政支出×××·万元，其中工资福利支出为×××万元，占总支出的××%。202×年度小学教育投入在维持工资性支出与学校发展支出比例上是基本合理的。

④初中教育情况。202×年××县有完中×所、初级中学××所，202×年秋季在校初中生有×××××人，平均每所学校大约×××名学生。由于学校教学水平和生源分布缘故，学校之间存在较大的规模差别，农村中学的学生数总体不足；202×年全县入学学生数为××××人，毕业学生数为×××·人。截至202×年全县初中三年教育巩固率达××%，高于"全省巩固率达95%以上平均水平"的指标。

202×年××县初中学生获奖为×××人次（略小于近三年平均数×××人次）；教师获得荣誉为×××人次（小于近三年平均数×××人次）；教师发表论文和专著数为×××篇（本）（大于近三年平均数×××篇）。

202×年××县初中教育的生师比为××∶1，2018年和2019年分别为××∶1和××∶1，近三年初中的生师比略有升高；生机比为×∶1，2018年和2019年生机比分别为×∶1和×∶1，近三年初中的生机比逐年升高，但远远小于13∶1的标准；每生拥有图书量（册/人）为××册，2018年和2019年分别为××册和××册，大于图书配备标准人均30册；生物、化学和物理实验室校际存在较大差别；教师交流为××人次，2018年和2019年分别为××人次和×××人次；××县初中学校较为重视劳动、品德和体育教育。教育局努力推行中学生艺术素质测评，将测评结果纳入初中学生综合素质评价，组织全县×××余名专、兼职艺术教师参加县义务教育阶段音乐美术学科教学指导意见解读培训。个别学校逐渐形成自己"美育"特色，比如××中学有×个艺术社团，××%学生参与社团活动。

××县教育局正在推行教育信息化2.0行动计划，202×年组织3批次共××所学校的教师到××公司的××基地进行培训，选定××三中等×所学校为智慧校园试点校。然而，202×年××县教育信息网络及软件购置更新支出为×××万元，其中××职专×××万元，××三中班班通多媒体采购××万元，××二中班班通多媒体采购××万元等。教育信息化建设的支出结构上存在不平衡，支出不能满足教育信息化建设目标的需要。

202×年××县初中教育财政投入为×××××万元，其中工资福利支出为××××万元，占总支出的××%。××县年度初中教育投入主要是维持工资性支出，学校的发展支出占比较小。

⑤高中教育情况。202×年××县拥有普通高中×所和×所完中，202×年秋季在校高中生数为高中生××××人。在新建××县一中后，××县高中的学校规模已能满足高中教育的需要。新建的××县一中新校区是省重点项目，符合《中小学校设计规范》和福建省一级达标学校建设标准，办学规模为高中××个班，可容纳高中学生×××人。

202×年××县高中入学学生数为×××人，毕业生人数为××××人。××县高中阶段教育毛入学率达到××%以上。在202×年高中毕业学生中，文理科本科上线×××人，上线率××%，考取"985"大学××人，"211"大学×××人，共计×××人。202×年××县高中学生获奖数为×××人次，高于近三年平均数×××人次；教师获得荣誉数量为×××人次，高于近三年的平均数×××人次；教师发表论文和专著数为×××篇（本），高于近三年的平均数×××篇。

202×年××县高中的生师比为××：1，2018年和2019年分别为××：1和××：1；生机比为×：1，能满足上课时一人一机的需要；每生拥有图书量（册/人）为××册，少于图书配备标准人均××册。生物、化学及物理实验室能满足高中教育的需要；教师交流为×××次，高于近三年平均数××次；信息化建设能满足高中教育需要。

202×年度××县高中教育财政投入××××万元，其中工资福利支出为××××万元，占总支出的××％。年度高中教育投入的建设和发展支出较有保障。

⑥职业中专教育情况。202×年度职业中专在校生总数为×××人，入学学生数×××人，在校学生中绝大部分是××县本地生源，毕业生数×××人，在××本地就业数×××人。

⑦进修学校教育情况。进修学校利用"福建教育学院××培训基地""教育部高等学校继续教育示范基地福建师范大学××分基地""福建幼儿师范高等专科学校××研训基地"三大基地努力做好教师高端培训；202×年有××位省名校长与××县×所小学和×所中学建立基地校；有××位省名师分别与×××位骨干教师按"一帮三"双导师模式进行帮扶；全省各地的名师、名校长、专家×××多人到××县送培送教，为××县×××多人次教师开展了高端培训。

202×年进修学校举办教学教研、送教送培、教师培训、开放活动达×××场次，参加人数共计×××人次。各类培训和活动如下：开放活动×场次，教师培训××场次（其中幼儿园×场次、小学××场次、中学×场次）、教研活动××场次（其中幼儿园××场次、小学××场次、中学×场次）、送培送教活动××场次（其中幼儿园×场次、小学××场次、中学××场次）。201×～202×年进修学校教师发表论文和专著分别为×、××、××篇（本）。

年度投入经费基本能满足进修学校运营的需要。202×年财政安排继续教育经费×××万元，按文件要求其中应拨付给进修学院教师培训经费不少于××％，即不少于××万元，然而实际拨付×××万元。因此评价小组给予年度投入适当扣分。

⑧电大教育情况。202×年××县本、专科招生人数达到×××人，连续三年蝉联全省电大工作站第一，在籍学员达到××××人，成为全省办学规模最大的县级工作站。202×年7月、12月连续两季被评为"全省电大系统招生工作优秀集体"，××人次被评为"全省电大系统招生工作优秀个

人"。10 月，被国家开放大学评为"教育部'一村一名大学生'招生工作先进单位"。

⑨安全文明校园情况。××县教育局一直很重视平安文明校园的建设。202×年县教育局组建挂牌成立"教育关爱志愿服务分队"；开展民俗活动大操大办专项整治工作，深入开展移风易俗宣传，推动教育系统参与创建第六届省级文明县城迎检工作；推进"消防安全伴我成长"三年行动；加强学生毒品预防教育工作。全县初中毕业生《涉麻制毒犯罪相关知识告知书》送达率为 100%；各学校的禁毒"小宣传员"队伍建设率达 100%。组织五年级及五年级以上学生参加"全国青少年禁毒知识竞赛"，获全市第一名。全年共评定了××所县级"毒品预防教育示范校"，×所学校评为市级"毒品预防教育示范校"。××职专、××四中、××中学、××中学四所中学按省级示范校的标准建成林则徐禁毒宣教室并投入使用；开展新一轮"平安校园"等级创建。

（4）部门整体支出效益情况。202×年××县教育部门整体支出保证了当年度特殊教育、学前教育、义务教育、高中教育、职业中专教育、电大以及进修学校工作顺利进行，在不同层面有效地提高××县居民文化水平，带来巨大的社会效益。各类学校尽管面临各种各样的困难，但仍然能为××县各层面教育事业可持续性提供教育服务。限于××县的经济发展水平和财力现状，未来××县教育财政投入持续增长的空间较为有限。

202×年××县教育事业的成绩是值得肯定，比如：①202×年 11 月××一中被评为全国文明校园。②全县乡村小规模学校（100 人以下完小及教学点）办学条件均达到省定基本办学标准。③××县中考×个学科平均分均位居××市前列，"五率"评估有×所学校获市级表彰。小学省市质量监测和县毕业会考成绩，及格率、优秀率较高，平均分位居××市前列。④202×年有×名教师被评为省优秀教师、修××被评为省优秀教育工作者；在××市教育局、人社局关于 201×～202×学年集体和个人奖励工作中，××一中获集体记功学校、实验幼儿园等×所学校获集体嘉奖。⑤××一中、

××三中被评为全国青少年篮球特色校，××一中被评为全国学校体育工作示范校，并获福建省示范高中学校网球赛二等奖及获得省体育道德风尚奖称号，击剑项目在省示范高中展示上获得三等奖。⑥电大工作被国家开放大学评为"教育部'一村一名大学生'招生工作先进单位"等。

202×年1月1日～12月31日××县教育局共接到××条投诉，建议××条，咨询×××条，相关投诉、建议和咨询都得到回复落实，满意率×××%。家长对学校教育满意度≥95%。考虑各类学校分布、规模和条件等方面的问题，评价小组在服务对象满意度方面给予适当的扣分。

（二）部门整体绩效存在问题

据上所述，202×年××县教育局在克服教育投入经费有限的情况下取得较为显著成绩。同时，××县教育仍然面临各种困难与不足。评价小组从预算绩效管理角度提出以下几个问题。

（1）预算绩效理念初步树立，预算绩效管理人才缺乏、基础工作有待夯实、预算绩效管理和业务管理尚未有效融合。在此次评价中，××县教育局领导对预算绩效评价高度重视，教育局各科室以及各类学校积极配合，提供详细材料。××县教育局按规定填制202×年度部门整体支出绩效表，展开部门整体支出绩效自评并撰写自评报告。教育局下属各个学校各自编制预算，由教育局汇总提交财政局审批。目前，各学校编制预算时无须同时填制绩效目标表，教育局部门整体绩效目标表是由教育局填制的，部门整体绩效目标表无法反映各类教育的产出和效益，部门整体绩效自评报告缺乏有效信息以解决财政局和教育局之间的"信息不对称"问题。总体上看，××县教育局初步树立预算绩效理念，预算绩效管理工作逐步开展，"全过程"预算绩效管理尚在建设之中。

做好预算绩效管理工作需要部门单位领导的重视，要求业务人员和财务人员对预算绩效管理有较深入的了解。××县教育局预算绩效管理工作主要由财务人员来负责，但项目预算编制是由业务人员负责。目前，财务人员和业务人员无法做到"业财融合"，因对预算绩效管理也缺乏足够的了解，无法将预算绩效管理与业务管理有效融合。

预算绩效管理基础工作主要包括预算绩效管理原始数据和材料的记录与收集、事前预算绩效目标设置、事中预算绩效监督、事后预算绩效评价和评价报告的撰写。预算绩效管理原始数据包括部门中长期规划、年度工作计划和总结、审计报告、各下属单位管理制度、绩效目标、年度工作计划、单位财务数据、财务报告、年度工作总结等。目前，××县教育局尚未建立规范的原始数据和材料的收集制度。教育局预算绩效目标表的设置不够合理、明确。"产出"指标的数量指标仅设置"覆盖学校数"和"惠及学生数"，不能反映各类学校具体履职情况。"效益"指标选择"社会效益""生态效益""可持续性影响""服务对象满意度"指标来衡量。评价小组认为，教育整体支出的"生态效益"并不明显，可以不采用；而"社会效益"指标采用"受益人口"和"教育教学质量提升"两个明细指标也不妥；"可持续性影响"采用"义务教育入学率"明细指标不够恰当，没有涵盖各类学校教育。由于预算绩效目标设置不够合理、明确，预算绩效自评缺乏明确指标体系和指标标准，自评报告的质量也因此受影响。

（2）学校以生均公用经费编制预算支出不科学。教育局和下属各个学校分别编制自己预算，教育局汇总后提交财政局审核。各学校公用经费支出预算编制主要取决于学校的生均公用经费拨款。202×年××县生均公用经费按幼儿园×××元/生/年、小学×××元/生/年、初中×××元/生/年、高中××××元/生/年、中职（一般专业）×××元/生/年标准拨付。城乡学校的学生数有很大差异，这导致学生数少的学校公用经费不足，而学生数多的学校公用经费充裕，预算支出以生均公用经费拨款为依据进行编制不科学。

（3）教育发展支出的占比不够合理，优质教育资源稀缺，教育资源分布不合理，教育服务均等化亟待提升。××县政府非常重视教育，"十三五"期间出台《××县人民政府关于落实市政府加强基础教育"十条措施"的实施意见》《××县人民政府关于印发××县基础教育教育教学质量"阳光绩效"考评方案的通知》《××县统筹推进县域内城乡义务教育一体化改革发展实施方案》《中共××县委办公室 ××县人民政府办公室关于印发〈××县建设教育强县实施方案〉的通知》《关于〈××县建设教育强县实施方案〉重点任务分解抓落实的通知》等文件。201×~202×年，××县平均每年教育支出占一般公共财政支出比例××%以上，确保了教育经费预算安排和执行均达到法定"三个增长"。然而，扣除工资福利支出以及新建项目支出，教育支出用于学校发展支出的资金较为有限，尤其是初中教育。202×年××县教育实际支出为×××××万元，其中工资福利支出为×××××万元，工资福利支出占实际总支出××%，其中初中教育支出中工资福利支出占比为××%。××县教育发展支出占比，尤其是初中教育的发展支出占比不够合理。

××县各类教育都面临优质教育资源不足的问题，比如学前教育，除了××实验幼儿园及其分园、新建公办幼儿园外，许多幼儿园存在基础设施不达标，活动场地小、周围环境差、保教保育设施短缺等问题；城区中小学校园的面积未达标现象依然存在。部分中小学校还是简易泥土运动场；农村中小学教师和学生住宿条件差、相应的配套设施不足等。202×~202×学年，××县辖区内各级各类学校×××所。学校数量多直接导致教育资源分散。而部分新建校区在选址上不够合理将导致学校招生数不足，教育资源未能得到充分有效利用。目前，××县城区城郊公办幼儿园覆盖面窄的问题突出，城区小学存在学位不足和大班现象普遍的问题，部分新建学校招生数出现不足。教育优质资源稀缺、资源分散和分布不合理影响基础教育服务均等化目标的实施。

（4）师资出现结构失衡，学前教育师资问题尤为突出，中学教师编制出现超编。××县各类教育的师资出现结构性失衡，××县中小学幼儿园现有在编在岗教职工××××人，其中中学×××人、小学×××人、职专×××人，特校××人，幼儿园×××人。总体上看，中学老师超编，但中学老师存在结构性缺编现象；公办和私立幼儿园师资结构存在严重失衡。目前，××县现有幼儿教师×××人，其中在编在岗公办教师仅有×××

人，占全县幼儿教师数的××%，取得教师资格证的仅占全县幼儿教师数的××%。此外，教师结构还存在性别结构和年龄结构的失衡。

（5）教育信息化支出结构性不平衡，中小学特色教育尚待加强。××县教育局提出并推行教育信息化 2.0 行动计划。202×年××县教育信息网络及软件购置更新支出×××万元，其中近一半支出是××职专，教育信息化支出结构不平衡较为明显，尤其是农村中小学的教育信息化建设需要加强。未来教育信息化建设需要加大投入。目前，××县高中的"体艺教育"取得较为突出成果，比如××一中、××三中被评为全国青少年篮球特色校，××一中被评为全国学校体育工作示范校并获福建省示范高中学校网球赛二等奖及获得省体育道德风尚奖称号；××项目在省示范高中展示上获得三等奖。组队参加××市中学生田径比赛中获得团体总分第一名，其中高中男子组、高中女子组及初中女子组分别获得一等奖。一些中小学的"体艺教育"也初见成效，但总体上看，乡村中小学的体艺教育还缺乏特色。

案例 3 的部门整体绩效评价结论与建议：

经过与教育局相关人员座谈、实地调研、个人访谈、收集与分析资料，评价小组对 202×年××县教育局部门整体支出绩效的评定为良好（总分为××分，各项指标的具体得分详见文后附表）。总体上看，在政府的高度重视下 202×年××县教育事业稳步向前，大部分指标都取得了较好成绩。一些指标还有待进一步提升，比如绩效目标合理性和明确性、预算编制科学性、内部管理制度与实施、年度投入以及与学校分布、规模有关指标等。诚然，需要进一步提升的指标有些属于年度绩效问题，比如绩效目标合理性和明确性、预算编制科学性、信息化建设投入等；有些指标问题是需要较长时期去解决的，比如学校分布与规模问题以及服务对象满意度等。根据评价过程中发现的问题，评价小组提出以下几条建议以供决策参考。

（1）牢固树立预算绩效管理理念，加强预算绩效管理专业培训，扎实做好预算管理基础工作，构建"全链条"的预算绩效管理。预算绩效管理是政府治理和预算管理的深刻变革，是提高财政资金使用效益的强有力的重要举措。做好预算绩效管理首要的是转变思想观念，牢固树立预算绩效管理理念，尤其是领导要树立牢固的预算绩效管理理念，并组织相关人员参加专业培训，加强部门单位预算绩效管理力量，督促指导有关政策的实施。部门单位的业务人员和财务人员要在意识和专业上重视预算绩效管理，自觉主动学习预算绩效管理理论知识，熟悉预算绩效管理有关的政策文件，努力做好预算绩效管理各项工作。

××县教育局应从预算管理前端抓起，重视事前绩效目标设置，确保绩效目标的合理性和明确性；组织部门业务人员、财务人员及有关专家对教育局和各学校预算进行事前评估，优化本部门预算支出结构；为了更好编制部门整体绩效目标，教育局可要求下属学校单位在编报预算的同时要编制绩效目标；加强对各科室和下属学校单位的事中绩效目标和预算执行进行"双监控"，发现问题并及时纠正，确实将预算绩效管理与业务管理有效融合；认真做好事后绩效评价工作，提高绩效自评报告的质量，增加报告的有效信息含量，缓解财政部门与教育部门之间的"信息不对称"问题；日常做好预算绩效管理原始数据与资料的收集与归档管理。

（2）按办学规律编制支出预算，优化预算支出结构，依规安排教育支出，提高预算编制的科学性；提倡勤俭节约，做好成本核算与控制。目前，教育局下属各学校单位根据年度生均财政拨款编制基本支出预算。由于各学校的学生数差异太大，生均财政拨款数额在校际存在很大差异，一些学生数少的学校面临基本支出经费严重不足的问题。评价小组以为，教育局应根据办学规律确定各类学校办学的基本需求，以此确定各个学校的"保底"基本支出，对生均公用经费拨款不足的学校给予经费补足。同时，从宏观角度思考全县教育资源的优化组合，考虑将学生数少的学校进行合并管理，从而缓解一些学校基本支出经费不足的问题，同时还可以将优质教育资源进行共享。

在没有预算支出标准情况下，各学校项目支出预算要采用零基预算编制方法，要严格控制支出预算。教育局和各学校要进一步优化预算支出结构，保障学校的发展支出，适当增加教学设备、图书资料等方面的预算支出安排。

教育局要依规安排教育支出，根据《福建省教育厅关于开展县级教师进修学校标准化建设与评估工作的意见》，确保预算内教师培训经费分年度拨付到县级教师进修学校的比例不少于××%，以保障进修学校正常运转和开展培训需要。

2021 年国务院发布的《关于进一步深化预算管理制度改革的意见》提出，不折不扣落实过紧日子要求，厉行节约办一切事业，建立节约型财政保障机制，精打细算，严控一般性支出。根据财政部 2019 年印发《事业单位成本核算基本指引》，事业单位 2020 年 1 月 1 日起实施成本核算。××县教育局要提倡勤俭节约办教育，根据内部管理和外部管理需求设置成本项目进行成本核算，制定合理、科学的成本控制措施，要努力提高教育资金的使用效益。

（3）多方筹措教育资金，保障教育事业的发展；科学统筹安排教育资源，优化教育资源分布结构，提升教育服务均等化水平。××县政府一直将教育置于优先发展的战略位置，自 2017 年以来全县教育支出占一般公共财政总支出的××%以上。"十三五"时期，××县共投入××亿元用于改善中小学校的办学条件，其中争取上级全面改薄、校安工程和公办幼儿园建设的资金、中央及省预算内投资及朱镕基实事助学等专项补助资金约×亿元。未来，××县要继续多方筹措资金，包括上级项目资金、中央及省预算内投资、乡村振兴有关乡村教育资金以及各种社会捐赠、投资资金，保障教育事业的发展。

"十三五"时期××县共新建了××所公办幼儿园、×所小学、×所初中、×所高中，新增幼儿学位数××××个、小学学位数××××个、初中学位数×××人、高中学位数×××人，极大缓解了城区中小学入学难及"大班额"问题。然而，城区城郊入公办幼儿园难、城区小学学位不足、城乡办学条件差异大等问题依然存在。未来，××县教育局要科学统筹安排使用新增教育资源，建设项目要做好可行性研究和事前绩效评估，要优先解决重点和焦点问题，尤其是教育资源分布不合理问题；同时进一步合并乡村中小学校，优化整合盘活现有教育资源，促进城乡教育一体化发展，提高城乡义务教育均等化水平；继续推进普惠性学前教育改革，加强对各类民办幼儿园规范化发展的指导和监督工作，督促民办幼儿园提升办学质量，使民办幼儿园成为学前教育的有益补充。

（4）建立教师交流轮岗机制，实现优秀师资资源共享，加强对乡村教师和学前教育师资培训，逐步缓解师资结构失衡问题。为了进一步提升教育服务均等化水平，××县教育局可考虑建立教师交流轮岗机制，将教师在校际和城乡之间交流轮岗常态化，实现优质师资资源在学校、城乡之间共享。近几年来，××县教育局一直在努力解决师资结构失衡问题。2016～202×年××县公开招聘中小学幼儿园新任教师共×××名，其中，2016年招聘××名教师，其中硕士研究生×名；2017年招聘×××名教师、其中硕士研究生×名；2018年招聘×××名教师、其中硕士研究生×名；2019年招聘××名教师、其中硕士研究生×名。实施银发计划返聘××名；202×年招聘×××名教师，其中硕士研究生×名。然而，师资结构失衡问题依然存在，尤其是学前教育师资结构存在公办和私立幼儿园师资不均衡问题。未来，××县教育局应继续公开招聘教师以解决学前和小学教育师资不足问题。同时要加强对农村中小学教师的培训力度，要求并执行私立幼儿园教师取得教师资格证的比例，分期免费培训私立幼儿园师资。

（5）增加教育信息化建设投入，关注中小学特色教育。数字时代要求教育加快信息化建设步伐，教育部门要积极推进信息技术与教育教学的深度融合。未来，××县教育局要优化年度教育支出结构，增加教育信息化建设投入，注意教育信息化支出的结构平衡，从财力、人力和物力上确保××县教育信息化2.0行动计划的实施。目前，××县中小学德育、体育、劳育和美育都取得一定成绩，但美育形成特色的学校还较少，希望各个学校能选择适合自身情况的美育内容。最终每个学校都有自己的特色美育。

案例 3 的总结分析：

相较于案例 1 和案例 2，本案例指标设计的主要不同在于产出指标。该县教育局下属单位有学前教育、初中、高中、中专、特殊教育、电大等，如果采用基本支出和项目支出作为产出指标的明细指标，那么评价指标将会细琐杂乱，无法突出重点。评价发现的问题也将缺少典型性、代表性。因此，笔者采用下属单位类型作为产出指标下的二级指标，并在每类教育指标下再设置数量、质量保障和年度投入明细指标。

二、部门预算绩效事后评价案例的经验

部门预算绩效管理是"全方位"预算绩效管理的中间层级，是政府预算绩效管理的基础。根据 2018 年中共中央、国务院《关于全面实施预算绩效管理意见》的精神，部门预算绩效管理改革首先要赋予部门和资金使用单位更多的管理自主权，其次关注资金使用是否围绕部门和单位职责、行业发展规划制定绩效目标和标准值，再次是评价其运行成本、管理效率、履职效能、社会效应、可持续发展能力和服务对象满意度等方面的情况，最后是将绩效管理结果加于应用，推动部门和单位整体绩效水平提高。从福建省实践看，部门预算绩效管理改革才刚开始，主要工作是部门预算绩效目标的编制和事后绩效评价。而部门预算绩效目标编制还不够合理、不够明确，绩效目标无法作为事中监控的依据，也无法作为事后绩效评价的标准。尽管如此，福建省部门绩效管理评价还是取得一定成绩，以下总结几条经验以供参考。

（1）财政部门重视部门预算绩效评价，推动部门预算绩效管理进一步改革。自 2018 年以来，福建省各地财政部门积极开展预算绩效管理，最先实施的是项目支出事后绩效评价，继而是展开政策和部门预算绩效评价。至今，有些地方的部门预算绩效评价已经开展三四年，财政部门将部门预算绩效评价发现的问题反馈给被评价部门单位，并要求部门单位尽可能进行整改。由于采用基本支出和项目支出作为产出指标的明细指标，部门预算绩效评价碰到与项目、政策绩效评价同样的困难和问题，这倒逼着部门单位进一步夯实项目和政策预算绩效管理。因此，部门预算绩效评价结果的应用推动预算绩效管理进一步改革。促进部门单位公共管理水平的提升。部门预算绩效评价也发现部门单位存在支出超越政府行为边界、重大项目和建设项目决策程序不合理、不科学、支出结构不合理等问题，财政部门要求被评价部门单位进行整改，这促进部门单位公共管理水平的提升。

（2）合理设置衡量履职情况指标，科学评价部门预算绩效。如果采用"科室"为二级指标衡量部门单位的履职情况，那么科室的年度计划目标就相当于绩效目标。目前，部门单位的科室年度计划编制并无统一规范的格式，年度计划目标不尽合理、明确，采用科室的年度计划目标作为绩效评价的指标和指标标注显然是适合。此外，"全方位"的预算绩效管理的各层面存在较强的内在逻辑关系，即低层面的预算绩效管理是高层面的预算绩效管理的基础。换言之，如果高层面的预算绩效管理要做好，那就必须做真、做实、做好低层面的预算绩效管理工作。因此，以基本支出和项目支出作为部门单位产出指标的明细指标是符合这一逻辑的，也能紧密围绕预算资金的绩效开展评价，避免将预算绩效评价扩大为公共管理绩效评价。

（3）建设预算与绩效管理一体化信息系统，提高部门预算绩效管理效率。部门预算绩效管理远比项目、政策预算绩效管理复杂，所需管理信息资料涉及各个科室的项目。预算与绩效管理一体化信息系统的建设大大便利部门预算绩效管理各项工作，尤其是部门预算绩效评价。以福建省为例，在预算与绩效管理一体化信息系统在全省推开后，部门预算绩效评价的信息资料收集时间从一个半月缩减为 2～3 天。然而，目前福建省预算与绩效管理一体化信息系统还有待进一步完善，各部门、科室提交项目、政策的预算绩效管理资料还不够全面、翔实、有效。为了提高部门预算绩效管理效率，福建省财政厅应进一步升级一体化信息系统。

（4）加强部门预算绩效评价结果应用，促进"全过程"预算绩效管理建设。"全过程"部门预算绩效管理包括事前绩效管理、事中绩效监控和事后绩效评价三个环节。加强部门预算绩效评价结果的应用倒逼部门单位做好事前绩效目标编制和可行性论证，继而做好事中绩效监控，从而更好地服务事后绩效评价。福建省一些地方的部门单位采纳评价报告意见，对本单位的部门预算绩效管理基础工作进行整改，预算绩效目标编制的质量得到提升；对日常管理中出现的问题进行整改，提高部门财政资金的使用效益。

第五章

部门预算绩效管理的成本管理与控制

2018 年 9 月 1 日中共中央、国务院颁发的《关于全面实施预算绩效管理的意见》明确提出"注重结果导向,强调成本效益"的管理要求。近几年来,我国各地预算绩效管理改革侧重"结果导向"管理,从项目和政策的"全过程"预算绩效管理到"部门整体支出"的"全过程管理",成本控制一直都进展缓慢。这种现象其实反映我国预算管理从"支出控制"转向"成本管理与控制"需要一个理论和实践的探索过程。

一、预算管理从"支出控制"到"成本管理与控制"转变的理论分析

传统的预算管理是属于"控制型"而非"结果导向型",即预算管理侧重于财政资金使用过程的合法、合规性和支出总额的控制。我国传统的"控制型"预算管理覆盖计划经济的国家财政、有计划商品经济时期的财政管理和全面实施预算绩效管理前的公共财政。

为什么"控制型"预算管理无法实施"成本管理与控制"?从经济视角看,传统"控制型"预算管理重视"支出控制"而非"成本管理与控制",

这是由当时经济发展水平决定。在经济发展水平较为有限的时期，政府采用的是"量入为出"的财政管理原则，组织收入是预算管理的重点，"控制预算总支出"成为政府财政管理的"牛鼻子"。政府支出大部分是"吃饭财政"，项目和政策支出比重较小，政府成本管理与控制还未进入财政管理的视野；从政治角度看，政府并非只控制支出而不重视绩效，譬如在改革开放后的较长时期，我国政府曾一度把经济发展和税收增长等作为地方官员政绩考核的主要指标。然而，政府并未将绩效与成本结合以进行科学、合理的评估与评价。地方和部门存在重投入轻管理、重支出轻绩效的意识较为普遍。一些领域财政资金低效无效、闲置沉淀、损失浪费的问题较为突出；从理论视角看，公共管理和财政管理理论的落后不足以支撑政府采用"成本管理与控制"的"结果导向型"预算管理。20 世纪 60 年代前，马克斯·韦伯创建的传统行政学强调行政管理效率。20 世纪 60 年代末 70 年代初以弗雷德里克森为代表的新公共行政学派注重社会公平。传统行政学和新公共行政学都未关注到公共支出效率，政府成本管理与控制的措施和技术更是缺失。理论供给和技术措施的不足也是政府成本管理与控制无法实施的原因之一。

20 世纪 70 年代末兴起的新公共管理理论强调公共服务效率。新公共管理运动是以新古典主义经济学理论的公共选择理论、委托代理理论和交易成本理论为基础，同时吸收私营部门管理的管理战略、管理技术、管理绩效等思想，开展"绩效管理"为主导的公共管理运动。正是新公共管理运动将私人部门管理方法和技术引入公共领域使得政府成本管理与控制的实施成为可能。政府成本管理与控制是新公共管理运动的创新，是吸收和接受私人部门的管理经验和启发。成本收益分析成为这一时期预算绩效管理非常重要的改革举措。然而，私人部门管理与公共部门管理存在较大差异。例如管理目标，私人部门的管理目标较为单一，即追求利润最大化。私人部门实施成本管理与控制不仅具有内生动力，而且拥有成熟的成本管理与控制理论与技术。公共部门的管理目标多元化，具体包括政治、经济、军事、社会、文化等领域目标。公共部门推行成本管理与控制不但面临技术障碍，而且缺乏内在动力。正因如此，实施政府成本管理与控制不能简单照搬私营部门技术、措施。充分吸收国外政府成本管控经验、积极研究符合我国国情的政府成本管控技术与方法、制定并实施政府成本管控制度是实施"全过程"政府成本管控的前提。

二、我国部门预算绩效管理的成本管理
与控制现状及存在问题

理论逻辑上，部门预算绩效管理是基于项目、政策预算绩效管理，换言之，项目、政策预算绩效管理实施效果决定部门预算绩效管理效果。部门预算绩效管理成本控制也是如此。目前，我国各地预算绩效管理成本控制实施现状如何？总体上，除了北京、上海等地，我国各地预算绩效管理政府成本控制主要在事前绩效目标设置和一些特殊领域的事前成本效益分析。特殊领域的事前成本效益分析主要是地方专项债的项目和 PPP 项目成本效益分析。此外，成本核算环节主要是在部分事业单位完成制度建设，比如高等院校、医院、科学事业单位等。事后成本评价环节的工作几乎没有开展。"全过程"成本控制链条尚未建立。我国预算绩效管理成本控制存在问题主要是：

（1）事前成本绩效目标设置问题。根据 2020 年财政部印发的《项目支出绩效评价管理办法》规定，项目事前绩效目标要编制成本指标。据此，部门事前绩效目标也要编制成本指标。以福建省为例，部门事前绩效目标表编制的成本指标下设"经济成本""社会成本""生态环境成本"明细指标。各部门单位填写的"经济成本""社会成本""生态环境成本"明细指标"五花八门"，其中："经济成本"指标的指标值为部门单位当年预算投入，显然，预算投入被视为成本。"社会成本"和"生态环境成本"指标的指标值填写让部门单位犯难。事实上，社会成本和生态环境成本不属于微观的、管理学的"成本"概念，属于宏观的、具有较强学理性的概念，不适宜用于实际操作。因此，部门单位事前成本绩效目标的设置在理论探讨方面还不成熟。

（2）事前成本效益分析问题。预算绩效管理的成本控制是"全过程"，事前成本效益分析是重要的前端控制环节，缺乏成本效益分析或成本效益分析形式化将导致中后端成本控制无效，比如某县的地方债项目——幼儿园项目建设，地方债券项目要求项目成本收益至少保持平衡，评价小组在翻看事前可行性论证报告后发现：第三方机构在缺乏当地人口数据、出生率的预测等材料下进行成本收益分析，并得出项目未来成本和收益保持平衡的结论。结果是，项目实施后出现一些幼儿园缺少生源，项目未能达到预期绩效目标。该项目因前端成本效益分析的形式化导致中端成本监控无效，造成后端项目竣工后的闲置浪费。

（3）事中的成本核算制度不完善。2019年12月财政部下发《事业单位成本核算基本指引》，目前，我国政府成本核算制度建设主要在事业单位领域，事业单位成本核算制度建设也仅仅在公立医院、高等学校和科学事业单位，2021年11月财政部下发《事业单位成本核算具体指引——公立医院》；2022年9月财政部下发《事业单位成本核算具体指引——高等学校》《事业单位成本核算具体指引——科学事业单位》。其他事业单位和行政单位的成本核算制度尚未制定、印发。此外，现行事业单位成本核算制度并不能为预算绩效管理提供相应的成本信息。现行事业单位成本核算制度主要规定业务成本的核算，仅能满足事业单位内部管理的需要，并未提供项目、政策的"产出"成本。预算绩效管理是以项目、政策、部门单位和政府预算支出为管理对象，项目、政策并不存在所谓"项目""政策"成本，成本核算制度应提供项目和政策的"产出"成本信息，但现行事业单位成本核算制度对此并无任何规定。

（4）事后成本绩效评价无法有效开展。事中的成本核算制度缺失将导致事后成本绩效评价无所依据。且因预算绩效管理的成本概念混乱、理论准备不足、第三方机构质量参差不齐，事后成本绩效评价无法有效开展。

"全过程"预算绩效管理的成本控制不能像项目、政策预算绩效管理那样，从后端绩效评价试点改革，而是要从前端成本效益分析开始改革工作。除了个别地方在预算绩效管理的成本管理与控制领域开展试点，大部分地方的部门预算绩效管理改革尚未涉及此领域。

三、预算绩效管理成本管理与控制的相关案例

部门预算绩效管理的成本管理与控制是以项目和政策的成本管理与控制为基础。下面介绍 3 个项目和政策的成本管理与控制案例。

（一）××市市民热线服务外包成本预算绩效分析

1. 基本情况

××市市民服务热线 12345 随着城市建设发展不断扩大规模，2000 年成立时设置 10 个人工座席，2007 年拥有 200 个座席，2012 年扩充到 400 个，同时开通互联网、微博的座席，2018 年再次扩充至 500 席。党的十九大报告指出，要转变政府职能，建设人民满意的服务型政府。2020 年，国务院办公厅发布的《关于进一步优化地方政务服务便民热线的指导意见》文件指出，加快推进除 110、119、120、122 等紧急热线外的政务服务便民热线归并，各地区归并后的热线统一为 12345 政务服务便民热线。2021 年《××市"十四五"时期智慧城市发展行动纲要》要求，整合 12345 移动端、"随手拍"等多种"政民"互动渠道，利用人工智能、大数据等技术实现"主动治理，未诉先办"，发挥市民参与和监督作用。××市市民服务热线 12345 采取服务外包模式，2019～2021 年市民热线外包服务全口径受理量分别为 ××× 万件、×××× 万件、×××× 万件，预算资金实际支出分别为 ×××× 万元，2020 年为 ××× 万元，2021 年为 ××× 万元。

2. 成本效益分析

成本效益分别按成本指标、质量指标和效益指标进行分析。（1）成本指

标包括人员成本、座席成本、辅助工作场地成本综合服务保障成本、管理费及税金。（2）质量指标包括数量指标、质量指标和进度指标。其中，数量指标包括座席数量、热线座席人员数、热线服务履职产出数量。质量指标下设人工接通率、质检合格及质检复核合格率、在职培训考试合格率、网络互动准确率。进度指标下设"案件响应、处理时效控制"指标。（3）效益指标下设社会效益、可持续性影响和服务对象满意度。其中，社会效益下设"反映社情民意、解决群众问题、促进社会就业、维护社会稳定"和"促进社会就业"两个指标。服务对象满意度下设话务员挂机群众满意率、群众投诉率、主管责任部门满意度。

经收集数据，分析市民热线×××席需求，测算所需在岗人员数，根据人均工资水平计算市民热线原有×××席的人员成本构成。继而计算出市民热线拟扩大100席的人员成本。再测算企业热线的需求和所需在岗人员数，计算出在岗人员成本。最后测算热线座席人员教育经费、辅助工作场地费用及综合服务保障资金需求、管理费、利润及税金。

本案例的成本和产出、效果测算比较全面、科学，成本定额具有较强的应用价值。然而，随着人工智能的发展，在岗人员数也要及时调整，如此才能确保成本的合理性。

（二）市场监督管理局"热点播报"项目成本效益分析

1. 项目基本情况

《热点播报》节目制作项目是2015年创办的一档原创互联网法制视频栏目，栏目风格轻松幽默、寓教于乐，栏目定位通过互联网搭建起政府与百姓沟通的桥梁，栏目选题围绕市场监管系统年度重点工作进行，解读市场监管法律法规、展现履职成效、挖掘执法亮点，全面展示××市场监管工作成果。已成为市场局政务新媒体宣传的品牌之一。项目自2015年以来不断探索完善，逐步形成固定成熟的播出模式和制作频率。2019～2021年，共制作完成 ×××期，其中2019年每月制作完成×期，每期××分钟，全年制作节目××期；2020年和2021年分别制作完成××期，每月完成×期，每期××分钟。作品通过××市市场监管局官网、千龙网、爱奇艺、腾讯视频、京市场监管微信公众号上同步发布推广。近年来，顺应融媒体的发展趋势，栏目在制作视频的基础上，配合适合抖音平台播放的各类短视频作品。2019～2021年市场局官网日均访问量××××万，《热点播报》播放量××万，腾讯视频平台播放量××万，其中单个作品最高浏览量为××万，爱奇艺平台播放××万，爱奇艺平台播放量××万，各平台浏览量共计×××万；公开发布抖音作品×××个，浏览量共计××××万，单个作品最高浏览量为××万。《热点播报》栏目已成为市场监管系统视频类宣传素材的主要来源和重点项目。

2. 成本效益分析

课题组根据第三方提供财务基础数据，计算相应成本费用：（1）人员成本。具体包括主编、编导、编导助理、演播室摄影师、灯光师、灯光助理、录音师、制片、演播室导演、化妆师、主持人、制片人等劳务报酬。（2）场地器材设备费用。（3）后期制作（剪辑、三维特效、音乐音效、配音……）费用。（4）其他费用（交通、食宿）。效益指标主要根据市场监督管理局的具体要求。

（三）地方专项债券项目成本效益分析

1. 项目基本情况

本案例是××省××县地方专项债券项目（公办幼儿园建设）。项目是关于使用地方专项债券新建一批幼儿园。按照《地方政府专项债券项目资金绩效管理办法》的规定，项目单位或项目主管部门要对"项目收入、成本、收益预测合理性"进行重点论证。该县教育部门编制的项目实施方案测算了未来各期收入，收入内容包括按保教费、伙食费、校车收入、代办收入及教师工资和公用经费补贴收入等。其中保教费、伙食费收入等是以幼儿园的满员招生为前提进行测算。项目成本主要有工资及福利费、公用经费等。然后方案再计算出各期还本付息情况。

2. 成本效益分析

该县教育局聘请第三方做事前成本效益分析。第三方模拟各期现金流后发现，在预期内项目收益能够合理保障偿还本次融资本金与利息，实现项目收益与融资自求平衡。

但是，本案例成本收益分析存在最大问题是流于形式，在进行成本收益分析时第三方假设新建幼儿园将满员招生，如此进行保教费、伙食费、校车收入、代办收入及教师工资和公用经费补贴收入等测算。换言之，项目可行性方案并未统计新建幼儿园附近区域的居民人口情况，也未考虑未来人口出生率的因素，因此未来幼儿园保教费收入的测算缺乏科学数据基础，成本收益分析依据不实。事前成本收益分析是为了满足程序的需要。事实是，多所幼儿园的周边小区入住率不高。因此，已竣工验收并投入使用的幼儿园出现招生数不足的现象，幼儿园的保教费与自聘教师及保育员工资不能平衡，幼儿园项目实际的保教费收入、运营支出与项目实施方案的预测数存在较大的出入。

四、部门预算绩效管理的成本管理与控制案例分析

部门预算绩效管理成本管理与控制是以项目、政策预算绩效管理成本管理与控制为基础。然而，目前我国各地在项目、政策预算绩效管理成本管理与控制领域的改革探索很有限、可借鉴经验不多。以亲历的评价为案例，笔者剖析××高等院校的学院部门和××县文旅局的预算绩效管理成本控制。

（一）高等院校的学院部门预算绩效管理的成本管理与控制案例

1. 案例基本情况

××高等院校的××学院2023年部门整体支出包括人员经费、教师科研经费和归属学校各部门支配的经费，仅包括正常经费、日常运行经费、设备购置贷款、市共建经费、区共建经费专项经费等。其中：（1）正常经费收入情况。2023年期初××学院正常经费×××万元，本期收入××元，期末余额××万元。具体收入包括班主任及辅导员津贴×万元、学生助教经费×万元、内涵建设考评奖××万元、学院办班经费××万元、学生社团指导教师津贴×万元、学院招生工作经费×××元、学术成果奖×万元、招生工作补贴×××元、学院课酬××万元、学生素质教育经费×万元、学院B类学科竞赛的培育经费×万元、文明宿舍经费×万元、院宣传经费×××元、学院发展经费××万元、教学经费×万元、学院就业指导费×万元、教师用书经费×××元、实习经费××万元、学院党委的党建工作经费×元等。各项支出具体如下（省略）。（2）学院日常运行经费收支情况：本项目期初余额××万元，本期项目收入×万元，本期项目支出××万元，本期余额××万元。（3）设备更新改造经费收支情况：本期项目收入×××万元，本期项目支出×××万元，等等。

2. 学院预算绩效管理现状与存在问题

从我国预算绩效管理现状看，高等院校预算绩效管理改革要晚于地方政府的预算绩效管理改革。以福建省为例，高等院校基本是在2022年左右实施预算绩效管理。因此，目前高等院校预算绩效管理的成本管理与控制改革尚未开始。高等院校预算绩效管理存在以下几方面问题：（1）学院的预算绩效管理理念未树立，预算绩效管理的基础工作薄弱。学院领导和老师还未树立预算绩效管理理念，预算绩效管理工作由办公室主任负责，预算绩效管理的各项基础工作停留于形式，各种表格填报的信息缺乏实质性内容。（2）学院工作计划未与预算相结合，资金沿袭传统"控制型"的预算管理。除了专项资金外，其他资金使用范围、支出标准、支出结构、支出绩效等缺乏相应管理办法进行规范。学院习惯传统"控制型"预算管理，"要钱和花钱"，资金支出更多关注的是合法与合规性而不是支出效果。学院的工作计划并未体现出计划任务和预算安排关系，一些计划任务缺乏"约束性"指标，其预算安排充满"不确定性"。（3）"集权型"资金管理模式。学院财务审批的"一支笔"制度导致"集权型"资金管理模式出现。"集权型"资金管理模式经常出现事权与财权不匹配、改变项目资金用途、资金使用低效和无效等问题。（4）预算编制采用传统"基数加增长"编制方法。学院经费，有的根据学生人头标准编制，较为合理、科学，比如实习经费、毕业论文检测费、毕业论文打印费等。但更多经费的预算编制还是根据传统"基数加增长"编制方法，成本管理与控制并未在预算环节有针对措施。（5）项目事前论证不够充分，项目成本效益分析不到位，项目实施后的绩效不如预期。

3. 实施"全过程"成本管理与控制

"全过程"成本管理与控制的各环节工作具体包括：（1）事前成本管理与控制环节的工作。首先，学院要组织新项目、大项目和建设项目的可行性论证，尤其是要做成本收益（或效益）分析。项目负责人要将对未来各期间的项目投入做概算，要明确未来各期投入的具体产出和效益，产出和效益指标要科学合理，其指标标准要明确；其次，学院、科室和专业系负责人要围绕学院五年规划，认真编写年度计划，年度计划要尽量编制"约束性"目标，且根据"约束性"目标编制相应的预算；最后，学院要根据大学各部门下拨的经费制定预算支出标准。尽管学院、科室和专业系已经在事前根据年度计划目标编制预算，但大学审批的预算和预算申请存在较大差异，所以学院要根据各部门下拨的经费制定预算支出标准，比如一台毕业晚会的预算控制标准、一场学院歌手比赛的预算控制标准、一次辩论赛的预算控制标准等。（2）事中成本管理与控制环节的工作。成本核算是事中成本管理与控制的重要工作。目前，高校对各类经费支出是按报销时间"流水账"式核算。笔者建议：高校财务处按"约束性"目标或工作计划的具体"任务""产出""服务"等作为成本中心，归集相关成本费用。具体操作是以经费为一级科目，具体"任务""产出""服务"等作为明细科目。此外，内部控制制度的健全与实施是成本管理与控制顺利开展的重要保障。（3）事后成本管理与控制环节的工作。事后环节的成本管理与控制工作主要是成本绩效评价。成本绩效评价主要是分析预算支出控制标准和成本项目定额标准的合理性、事前成本效益分析的充分性和科学性、事中成本管理与控制制度建设与实施情况等。

4. 年度计划的任务中心设计

以学院团委的计划为例。表 5 - 1 是 ××学院 2023 年年度工作计划。工作计划中有的需要安排资金支出，有的不需要安排资金支出。学院应将需要安排资金支出的计划进行细化，分别列出具体支出项目，并给每个支出项目安排预算资金。在目前经济形势严峻、学校经费紧张之际，学院应鼓励学生通过拉赞助形式解决小项目的实施，比如歌手比赛、摄影大赛等。

表 5 - 1　　　　　　　　**某某高校××学院团委年度工作计划**

具体活动安排如下：			
活动时间	活动安排	负责部门	活动对象
3月	××学院雷锋月活动	院学生会	××学院全体学生
	××学院"学生学业教授博士指导团"活动	院学生会	××学院全体学生
	××学院学业发展工作室专题交流活动	院学生会	××学院全体学生
	××学院习近平新时代中国特色社会主义思想学习社活动	院学生会	××学院全体学生

续表

活动时间	活动安排	负责部门	活动对象
4月	××学院第九届主题校园摄影大赛	院团委	××学院全体学生
	××学院2024年十佳歌手大赛	院学生会	××学院全体学生
	××学院专业技能大赛	院学生会	××学院全体学生
	××学院团支部技能大赛	院团委	××学院大一、大二团支部
	××学院"学生学业教授博士指导团"活动	院学生会	××学院全体学生
	××学院学业发展工作室专题交流活动	院学生会	××学院全体学生
	××学院习近平新时代中国特色社会主义思想学习社活动	院学生会	××学院全体学生
5月	××学院"学生学业教授博士指导团"活动	院学生会	××学院全体学生
	××学院学业发展工作室专题交流活动	院学生会	××学院全体学生
	××学院习近平新时代中国特色社会主义思想学习社活动	院学生会	××学院全体学生
	××学院2024年田径运动会	院团委	××学院全体学生
6月	××学院2024年毕业晚会	院学生会	××学院全体学生
	××学院2024年暑期"三下乡"社会实践动员大会	院团委组织部	××学院全体学生
9月	××学院新学期学生干部大会	院学生会	××学院全体学生干部
10月	××学院2024年迎新大会	院学生会	××学院24级新生
	××学院安全教育讲座	院学生会	××学院全体学生
	××学院2024级迎新晚会	院团委	××学院24级新生
	××学院"新生杯"篮球赛系列活动	院学生会	××学院24级新生
	××学院班长团支书全体大会	院团委组织部	××学院各班团支书
	××学院"学生学业教授博士指导团"活动	院学生会	××学院全体学生
	××学院学业发展工作室专题交流活动	院学生会	××学院全体学生
	××学院习近平新时代中国特色社会主义思想学习社活动	院学生会	××学院全体学生

续表

活动时间	活动安排		负责部门	活动对象
11月	××学院2023届毕业生模拟面试		院学生会	××学院全体毕业生
	××学院2024学年团校培训		院团委组织部	××学院全体学生干部
	××学院2023届毕业生"双选会"		院学生会	××学院全体毕业生
	××学院举办2024年新生辩论赛		院学生会	××学院24级新生
	××学院2024年主题征文演讲比赛		院学生会	××学院全体学生
	××学院"学生学业教授博士指导团"活动		院学生会	××学院全体学生
	××学院学业发展工作室专题交流活动		院学生会	××学院全体学生
	××学院习近平新时代中国特色社会主义思想学习社活动		院学生会	××学院全体学生
	××学院第二十七届宿舍文化艺术节	舍歌大赛	院自律会	××学院全体学生
		宿舍形象设计大赛		
		宿舍荣誉风采展示大赛		
12月	××学院"学生学业教授博士指导团"活动		院学生会	××学院全体学生
	××学院模拟基金运营大赛		金融系、投资系学生会	××学院全体学生
	××学院2024年新年晚会		院团委	××学院全体学生

（二）××县文旅局部门预算绩效管理的成本管理与控制

1. 案例基本情况

××县文化体育和旅游局下设综合股、文化股、体育股、文物股、旅游股、行政审批与市场监管股、新闻出版与广电股7个股室，下属单位有博物馆、文化馆、图书馆、少体校、发射台、客联会。部门编制数××人，2023年末实有人数××人。

2023年文化体育和旅游局的预算收入××××万元，其中：一般公共预算拨款收入××××万元，政府性基金收入×××万元。预算支出×××万元，其中：基本支出××××万元，项目支出×××万元。全年决算收入×××万元，其中：本年收入×××万元，年初结转和结余×××万元。全年决算支出×××万元，其中：本年支出×××万元，年末结转和结余×××万元。基本支出×××万元，项目支出×××万元。

2. 预算绩效管理现状与存在问题

自 2018 年开始，该县财政部门积极实施全面预算绩效管理改革，部门单位都通过预算与绩效管理一体化信息系统申报预算与填报绩效目标表。部门单位都按时填报部门、项目和政策预算绩效管理表格。部门单位的领导和职员都具有一定的预算绩效理念，且能很好配合预算绩效评价工作。然而，预算绩效管理工作还是存在不少问题：（1）绩效目标编制的质量有待提高；（2）事前的可行性论证流于形式，未能成为项目决策的依据；（3）事前成本控制工作缺失，预算支出标准和成本项目定额未确定；（4）事中绩效监控工作不扎实，未能及时发现问题并加于整改；（5）事后绩效自评报告提供的有效信息不够；等等。

3. 实施"全过程"成本管理与控制

从部门预算支出的构成看，部门预算绩效管理的成本管理与控制要做好基本支出和项目支出的成本管理与控制。从"全方位"预算绩效管理的逻辑关系看，部门预算绩效管理的成本管理与控制基于项目和政策的成本管理与控制。因此，"全过程"成本管理与控制要做好以下几个工作：（1）基本支出的成本管理与控制。基本支出包括人员经费和公用经费。人员经费和公用经费都有明确的支出标准，其中：人员经费的成本管理与控制关键在于政府购买的劳务。目前，一些地方部门政府购买劳务量逐年增加。地方政府要根据经济水平和财力状况加强对政府购买劳务的控制，出台各部门政府购买劳务的数量标准，或者对各部门政府购买劳务的支出总额加以控制。虽然财政部门是以一定标准拨付公用经费，但政府还是要鼓励各部门单位厉行节俭、过"紧日子"。（2）项目支出的成本管理与控制。首先做好事前项目成本效益分析，其次是做好项目成本核算，最后是做好事后项目成本绩效评价。

4. 项目成本管理与控制案例：举办××省自行车联赛

文化体育与旅游局事先向县政府填写自行车联赛申报表，提交申请报告，申请报告列有详细的举办赛事预算。具体预算如下：

赛事筹备××万元（用于：赛事奖金、赛事筹备、赛事保险）；

赛事差旅交通×万元（用于：差旅交通）；

赛事酬金：×万元（用于：发放裁判、顾问、主持人、志愿者团队等劳务）；

摩托保障团队：×万元（用于：薪酬 + 车辆租赁）；

器材购置××万元（用于：竞赛器材、场地器材、竞赛辅材、裁判器材、运动员器材、赛事印刷喷绘器材）；

场地搭建×万元（用于：现场搭建）；

赛事物料××万元（用于：购买 T 恤、纪念牌、水壶）；

赛事宣传××万元（用于：配套活动、媒体宣传等）；

赛事用车×万（用于：大巴、小轿车、巴士）；

器材租赁××万元（用于：租赁计时器、通信设备、特种设备等）；

接待保障××万元（用于：赛事用车、酒店接待、赛事用水）；

总预算×××万元。

自行车联赛申请报告不仅提交赛事的预算，还要详细列举预算绩效。预算绩效包括产出和效果。××县政府根据申请报告确定预算支出标准（即招投标的标底）。文化体育与旅游局通过公开招投标确定赛事的组织承办企业，并确定承办赛事的具体价格。

第六章

预算绩效管理对部门运行成本的
影响实证分析

根据前面分析，福建省部门预算绩效管理主要在前端的绩效目标编制和事后绩效评价开展试点，部门预算绩效管理改革还有待深化。那么，部门预算绩效管理会对部门运行成本产生显著的负向影响？为了求证此命题，笔者以福建省 52 个县（县级市、区）2015～2022 年的部门运行成本数据做实证分析。

一、实证模型的变量选取

1. 被解释变量

被解释变量为县级部门运行成本增长率。对于政府运行成本的定义，许多学者做出了大量的解释，王璐璐和唐大鹏（2021）认为政府成本既包括维持政府机构正常运转的行政运行成本，也包括为社会公众提供公共产品和服务的业务履职成本，政府运行成本根据不同部门行政运行成本的归集情况，行政运行成本的经济分类科目主要包括工资福利支出、对个人和家庭的补助、商品和服务支出以及资本性支出，这与部门基本支出大体一致；部门业务履职成本与项目支出大体相同。本部分用人员经费和公用经费衡量部门运行成本，根据英国经济学家皮考克和魏斯曼的"梯度渐进增长理论"，可以知道政府部门的财政支出绝对规模是逐渐上升，因此用部门运行成本增长率（cost）作为被解释变量。

2. 核心解释变量

2018 年政府工作报告中提出了大幅压减"三公经费"、严控一般性支出的要求，两者的实现都需要有效约束和管理、控制政府行政成本。国家为进一步管理和控制政府行政成本，2018 年印发《关于全面实施预算绩效管理的意见》，2018 年开始对部门财政资金使用全面实施预算绩效管理。因此，本部分用虚拟变量衡量这一政策变量，即年份小于 2018 年，则 policy 设置为0，当年份大于等于 2018 年，虚拟变量设为 1。

3. 其他解释变量

借鉴李建发、闫寒和陈文川（2023）的研究，本部分选用财政自给率（fis）用县本级财政收入/财政支出衡量、人口规模（people）用常住人口进行衡量、城镇化程度（urban）用城镇化率衡量这一变量，对外开放程度（open），考虑到县级层面进出口数据的易得性，用出口额与 GDP 的比值来衡量该城市的对外开放程度。

二、样本选择和数据来源

《中华人民共和国预算法》1995 年发布实施，2014 年对其进行了第一次修正，2018 年再次修正，这强化了政府部门预算的科学性和透明度，提高了资金的使用效率，进一步更好地贯彻财政资金取之于民用之于民的理念。近年来，随着政府网站建设的不断完善，许多重点领域的政府文件均能在政府网站上找到，比如政府部门每年的预决算、"三公"经费使用情况等，但部分县级政府网站对部门预决算的公布情况并不是非常完整。本部分数据收集从县级政府网站中找到部门决算，从中可以找到单个部门的人员经费和公用经费，将两者相加得到的数据衡量这一年该部门的运行成本，以此类推，分别找了包括财政局、司法局、水利局、公安局及教育局等 20 个部门的运行成本，最后将这 20 个部门的运行成本汇总用来衡量整个县的部门运行成本。考虑到数据的易得性，本部分选取福建省 52 个县（县级市、区）2015～2022 年的部门运行成本数据，对于部门缺少的数据用当年预算进行填补和采用插值法进行补充。县本级财政收入，财政支出、常住人口、城镇化率、出口额和国内生产总值等数据来源于福建省各市统计年鉴以及各个县每年的《国民经济和社会发展统计公报》。

三、实证分析结果

（1）单位根检验。为了检测面板数据是否为不存在单位根的平稳面板数据，采用 ADF 检验，检验结果如表 6－1 所示。

表 6－1 面板数据单位根检验

检验变量	cost	policy	fis	people	urban	open
ADF 检验	－19.28 (0.000) ***	－13.94 (0.000) ***	－7.14 (0.000) ***	－5.72 (0.000) ***	－5.41 (0.000) ***	－7.98 (0.000) ***

注：*** 代表在 1% 水平上显著。

表 6－1 结果显示：面板数据不存在单位根 a，表明该面板数据是平稳，因此不需要对变量进行差分处理，可直接对该面板数据进行回归。

（2）面板数据模型的选定与实证结果。对于面板数据模型我们应该用随机效应模型还是固定效应模型，为此进行 Hasuman 检验。其结果为：t 统计值 = -19.28，自由度 = 4，P 值 = 0.000。根据检测结果本书选用固定效应模型。参考已有的研究，构建如下固定效应模型：

$$cost = \alpha_0 + \alpha_1 policy + \alpha_2 fis + \alpha_3 people + \alpha_4 urban + \alpha_5 open + \varepsilon_i + \mu_i$$

式中，解释变量、被解释变量和控制变量具体情况如前所述，ε_i 表示省份固定效应，u_i 表示随机误差项。

固定效应模型实证检验结果如表 6 - 2 所示，首先 2018 年全面实施预算绩效管理对政府部门运行成本增长的影响是负向，但不显著，其系数为 -4.295，其可能原因是预算法的颁布，对于人员经费和办公经费每年都是有限制的，所以 2018 年全面实施的预算绩效管理对这两个经费的影响不是很大。其次还可以看到当地政府的财政自给率（fis）对部门运行成本增长的影响是显著正向的，其系数为 1.139，即当地政府的财政自给率增加一个单位会导致部门运行成本的增长率 1.139 个单位增长。最后，常住人口对部门运行成本的增长率影响的系数是负数，但不显著；城镇化率对其的影响不显著。

表 6 - 2　　　　　　　　　　固定效应模型回归结果

被解释变量	(1) cost	(2) cost
policy	-6. 619 (5. 401)	-4. 295 (5. 094)
fis		1. 139 * (0. 601)
people		-3. 593 (2. 585)
urban		0. 225 (0. 897)
open		-0. 127 (0. 105)

续表

被解释变量	（1） cost	（2） cost
地区固定效应	控制	控制
Constant	15. 84 *** （3. 858）	140. 9 （86. 89）
R-squared	0. 009	0. 126

注：***、*分别代表在1%、10%水平上显著。

（3）异质性分析。为进一步分析全面实施预算绩效管理对部门运行成本增长率的影响，本书将福建省九个地市按地理位置划分为沿海城市和西部城市，沿海城市具体包括的福州、泉州、厦门、漳州所属的县城，西部城市则包括龙岩、南平、三明所属的县城。地区异质性分析结果如表6-3所示。

表6-3 　　　　　　　　　　**异质性分析回归结果**

被解释变量	沿海 cost	内陆 cost
policy	- 9. 333 （6. 543）	10. 36 * （5. 3）
fis	1. 176 * （0. 625）	- 0. 171 （0. 336）
people	- 3. 761 （2. 787）	0. 785 （1. 231）
urban	1. 280 （1. 418）	- 1. 693 * （0. 887）
open	- 0. 135 （0. 121）	- 0. 491 （0. 342）
地区固定效应	控制	控制
Constant	141. 7 （111. 11）	80. 8 （66. 17）
R-squared	0. 151	0. 046

注：*代表在10%水平上显著。

基于表6-3的回归结果可以看出，全面实施预算绩效管理对内陆城市部门运行成本增长率的影响是正向显著的，但对沿海城市部门运行成本增长率的影响是负向的但不显著。实证分析结果与部门预算绩效管理实践相符，即部门预算绩效管理尚在试点阶段，对西部城市的县城部门运行成本非但没有产生显著负向影响，反而是正向显著。这说明在经济形势严峻和财政困难之际，西部县城的部门运行成本不减反增。而沿海县城的运行成本增长率虽然呈现负向，但不显著。我国部门运行经费主要是人员经费和公用经费，人员经费有明确支出标准，人员经费的增长主要来自政府购买劳务的增长。未来，各地政府要根据本地经济发展水平和财力状况加强对政府购买劳务的控制。公用经费基本是按人头拨付，随着我国部门绩效管理改革的推进，公用经费还有一定的可控空间。

第七章

部门预算绩效管理的指标体系构建

一、部门预算绩效管理的指标设计

高质量发展下的部门预算绩效管理就是，部门要围绕党中央、国务院的关于经济、政治、社会、文化等高质量发展目标制定符合本地、本部门的合理、明确的规划目标，并以此分配预算资金，进行"全过程"绩效管理。部门预算绩效管理要体现出高质量发展的目标，其核心在于通过一套合理、明确的指标来评估、评价部门预算资金的使用是否实现党中央、国务院关于高质量发展目标。根据 2018 年中共中央、国务院《关于全面实施预算绩效管理意见》，部门预算绩效管理绩效指标应围绕部门和单位职责、行业发展规划的目标，根据资产和业务活动内容，设置运行成本、管理效率、履职效能、社会效应、可持续性发展能力和服务对象满意度等方面指标。

具体而言，运行成本为产出一级指标下的二级指标，运行成本再下设人员经费和公共经费 3 个二级指标。其中，人员经费和公用经费指标可计算人均人员经费，评价标准可设置为：是否超出当地的所有部门单位人均人员经费标准，否则得满分；否则酌情扣分。实际操作中，部门运行成本指标放置

"产出"一级指标下"基本支出"二级指标，即"基本支出"二级指标下设"人员经费"和"公用经费"三级指标。

笔者认为，我国部门预算管理在未来较长时期内为强调"结果导向"的"控制型"预算管理。因此，预算资金的合法、合规性使用仍然是"过程"管理的重要指标。据此，管理效率一级指标下可设置传统的"信息公开""政府采购合规性""内部控制制度建设""财务管理制度完善性"等二级指标。为了考核部门预算的管理效率，可根据部门和科室具体特点设置个性化明细指标。

履职效能指标如何设置？笔者以为，部门预算绩效管理是基于项目和政策预算绩效管理基础上，部门履职主要是通过基本支出和项目支出的产出来实现，产出的数量指标是对部门履职的量化评价，产出的质量是对部门履职的品质评价，产出的成本指标是对部门履职的费用合理化评价。因此，笔者以为，采用"产出"替代"履职效能"作为一级指标更为合适。"产出"一级指标下设"基本支出"和"项目支出"2个二级指标，"基本支出"二级指标下再设置"数量""质量""成本"三级指标。"项目支出"二级指标按照项目类别设置三级指标，而后再分别设置"数量""质量""成本"指标。如果部门单位的项目较多且项目大小不一，那么评价机构就有必要将众多项目进行归类，以此避免出现过多的三级指标。

此外，部门预算绩效指标还应设置"决策"一级指标和"效果"一级指标。其中，"决策"设置"部门投入""事前绩效管理""资金预算"3个二级指标。"效果"指标设置"社会效果""可持续性发展能力""服务对象满意度"。

"项目支出"产出指标和效果指标是体现部门是否进行高质量预算绩效管理的关键，因此，设置"项目支出"产出指标和效果指标要充分考虑国家关于高质量发展的目标。诚然，行政事业单位的部门单位特点千差万别，"过程"指标不可拘泥不变，应根据管理需要而增减指标。

二、部门预算绩效事后评价指标体系案例

（一）高等院校预算绩效事后评价指标体系

高等院校的学院预算绩效管理评价可设置决策、过程、产出和效果 4 个一级指标。具体如下。

（1）"决策"指标。指标下设"部门投入""事前绩效管理""资金预算" 3 个二级指标。

①"部门投入"二级指标下设"部门战略规划和年度计划""部门投入程序规范性、科学性""公共财政属性" 3 个三级指标。其中："部门战略规划和年度计划"指标主要考察：学院是否制定有战略规划；战略规划是否有合理的、明确的约束性指标和指标值；学院、专业系年度工作计划是否围绕战略规划目标；学院、专业系和项目预算投入是否围绕战略规划目标、年度工作计划安排。"部门投入程序规范性"主要考察：学院的新项目、重大项目和建设项目的预算投入是否经过事前的科学、严密的可行性论证。"公共财政属性"指标主要考察：学院整体资金支出是否符合学院职能，实现专业公平发展，有明确的"结果导向"的效率发展等目标。

②"事前绩效管理"指标。指标下设"部门预算绩效目标管理"和"事前绩效评估" 2 个二级指标。其中："部门预算绩效目标管理"指标下设"合理性"和"明确性" 2 个三级指标。

③"资金预算"指标。指标下设"资金编制科学性"和"资金分配合理性" 2 个三级指标。"资金编制科学性"指标主要考察：预算编制是否经过科学论证；预算内容与学院职能、年度计划是否匹配；预算额度测算依据是否充分，是否按照合理预算标准编制；是否做成本效益分析，尤其是对设

备贷款项目。"资金分配合理性"指标主要考察：学院预算资金分配依据是否充分；部门资金分配结构是否合理，能否保障各专业系职能、计划任务顺利完成。

（2）"过程"指标。指标下设"资金管理"和"组织实施"2个二级指标。其中"资金管理"指标下设"预算执行率""资金使用的结果导向情况""资金的信息透明和使用得公平、公正"3个三级指标。"组织实施"指标下设厉行勤俭节约，是否贯彻"过紧日子"精神以及"事权与财权相匹配""资金管理办法""事中绩效管理""廉洁、守法与守纪情况""资产登记与管理""成本控制"7个三级指标。

厉行勤俭节约，是否贯彻"过紧日子"精神指标主要考察学院支出是否厉行勤俭节约，是否贯彻党中央、国务院"过紧日子"指示精神，考察支出是否必要、支出是否超出标准或者支出标准过高等。"资金的信息透明和使用的公平、公正"指标主要考察学院各项资金的使用是否信息透明，是否有跟科室（系）负责人，甚至全学院通报资金结构和总额，考察资金的使用是否秉持公平、公正原则。"事权与财权相匹配"指标主要考察资金的使用是否分管领导、科室（系）之间的业务任务分配情况做适当分权，资金是否与业务相匹配。其余指标的评价标准详见表7-1。

表7-1　　　　　　　　学院部门预算绩效评价指标体系

一级指标	二级指标	三级指标	四级指标	指标得分标准	得分
决策 （20分）	部门投入	部门战略规划和年度计划 （3分）		部门（学院）是否制定有战略规划，比如五年发展规划；战略规划的合理性、明确性（约束性指标和指标值）；部门（学院）、科室（专业系）年度工作计划是否围绕战略规划目标；部门（学院）、科室（专业系）和项目预算投入是否根据战略规划目标、年度工作计划安排；是则得满分，否则酌情扣分	

续表

一级指标	二级指标	三级指标	四级指标	指标得分标准	得分
决策 （20分）	部门投入	部门投入程序规范性、科学性 （2分）		部门（学院）、科室（专业系）和各项支出是否按照规定的程序申请设立；审批文件、材料是否符合相关要求；新项目、重大项目、建设项目是否已经过必要的可行性研究（是否论证、论证是否科学、详细）、专家论证等。是则得满分，否则酌情扣分	
		公共财政属性 （2分）		部门（学院）、科室（专业系）和各项目预算支出安排是否属于公共资金支持范围，是否满足公共资金的效率和公平等目标，即是否符合学院职能，实现专业公平发展，注重"结果导向"的效率发展，贯彻"过紧日子"精神；是得满分，否则酌情扣分。出现重大偏离的，部门绩效评价不及格	
	事前绩效管理	部门绩效目标管理 （6分）	明确性 （3分）	部门（学院）整体支出绩效目标是否量化、具体化；绩效目标的指标值是否明确，是否科学；部门（学院）、科室（专业系）和各项预算支出目标任务数与年度计划任务数相对应。是则得满分，否则酌情扣分	
			合理性 （3分）	部门（学院）、科室（专业系）、专项绩效目标与部门（学院）职责、实际工作是否具有相关性；预期产出效益和效果是否符合正常的业绩水平；是否与预算资金量匹配。是则得满分，否则酌情扣分	
		事前绩效评估 （3分）		是否按照要求做部门预算事前绩效评估，是否对大项目实施的必要性、公益性、收益性；项目建设投资合规性与项目成熟度；绩效目标合理性；其他需要纳入事前绩效评估的事项等进行事前绩效评估。是则得满分，否则酌情扣分。事前绩效评估未做，或者做了但没有结果应用，导致项目出现重大问题的得0分	

一级指标	二级指标	三级指标	四级指标	指标得分标准	得分
决策 (20分)	资金预算	资金编制 科学性 (2分)		预算编制是否经过科学论证；预算内容与部门（学院）职能、年度计划是否匹配；预算额度测算依据是否充分，是否按照合理预算标准编制；是否做成本效益分析，尤其是对设备贷款项目。预算确定的资金量是否与部门（学院）职责、工作任务相匹配。是则得满分，否则得0分	
		资金分配合 理性 (2分)		部门（学院）预算资金分配依据是否充分；部门资金分配结构是否合理，能否保障各科室（专业系）职能、计划任务顺利完成。是则得满分，酌情扣分	
过程 (20分)	资金管理 (6分)	预算执行率 (2分)		实际得分＝实际预算执行率×分值；预算执行率＝实际支出数/资金到位数；若有客观原因导致预算执行率降低，可酌情给分，比如疫情	
		资金使用的 "结果导向" 情况 (2分)		资金使用是否围绕部门（学院）战略规划和年度计划目标的实现，是否有明确的结果导向？是则得满分。如果出现资金使用没有明确结果导向，与部门（学院）战略规划和年度计划目标弱相关，或者与专项资金性质弱相关，则酌情扣分，不相关则0分	
		资金的信息 透明、使用 的公平和 公正 (2分)		部门（学院）各项资金的使用是否信息透明，是否跟科室（系）负责人（甚至是全部门、学院）通报资金结构、总额及支出情况，是则得1分；资金使用是否秉持公平、公正原则，是则得1分，否则酌情扣分	
	组织实施 (14分)	厉行勤俭节约， 是否贯彻 "过紧日子" 精神 (2分)		部门（学院）是否厉行勤俭节约，是否贯彻"过紧日子"精神，主要考察支出是否必要、支出是否超出标准，或者支出标准过高等，是则得满分，否则酌情扣分	

续表

一级指标	二级指标	三级指标	四级指标	指标得分标准	得分
过程 （20分）	组织实施 （14分）	事权和财权 相匹配情况 （2分）		根据分管领导、科室（系）之间的业务任务分配情况，资金是否与业务相匹配，做适当分权，是则得满分。如果事权与财权不统一，导致事权无法实现，或者事权无人管的状况等，则酌情扣分	
		资金管理办法 （2分）		各类资金是否有具体管理办法，管理办法是否明确关于资金的使用范围、支出标准、支出结构等方面的规定，有则得1分，否则酌情扣分。各类资金使用结构是否合理，是否挪用，是否出现重复报账、是否使用用途与资金性质弱相关、不相关，是则扣1分，否则得1分	
		事中绩效管理 （2分）	双监控 （1分）	部门（学院）、科室（专业系）、项目是否进行预算和绩效事中双监控，是否进行事中评价，有则得满分，否则酌情扣分	
			结果应用 （1分）	事中绩效管理是否发现问题并及时反映、进行整改，有则得满分，否则酌情扣分	
		廉洁、守法、 守纪情况 （2分）		本部门（学院）人员是否出现违法、违规事件，尤其是涉及部门（学院）财务方面违法违规事件，是则酌情扣分，否则得满分	
		资产登记 与管理 （2分）		部门（学院）、项目是否及时办理资产登记，并建立资产管理制度，做好资产经营管理，是则得满分，否则得0分	
		成本控制 （2分）		部门（学院）是否有制定预算支出标准、成本定额，是否实施成本控制措施，是则得满分，否则酌情扣分	

续表

一级指标	二级指标	三级指标	四级指标	指标得分标准	得分
产出 （30分）	教学与学生 管理经费 （×分）	学院班主任及 辅导员津贴 （×分）		班主任及辅导员经费是否按规定标准准时发放、使用，是否保障学生管理工作正常运行，是则得×分，学生工作如果出现严重事故，比如打架斗殴、游泳溺亡、参加邪教，发现一起则扣×分，扣满×分为止；学生助教经费是否按时按标准发放，是则得×分，学生助教是否起到帮助教学作用，是则得×分，否则酌情扣分；教学经费是否保障教学活动正常顺畅开展，是否有利于全院教学水平提升，是则得×分，如果出现教学事故，教学活动因设备、经费不足等而中止，学生毕业论文抽检存在问题等，一起扣×分，直至扣满×分为止；教师用书经费是否保障教师用书需要，是则得×分，否则酌情扣分；研究生导师业务费是否按规定使用，是否保障研究生工作顺利进行，是则得×分，否则酌情扣分	
		学生助教 经费 （×分）			
		教学经费 （×分）			
		教师用书 经费 （×分）			
		学院课酬	因绩效额度不足，未发生本期支出，不予考核		
		学院研究生 导师业务费 （×分）			
	教学日常运 行经费和学 院发展经费 （×分）	学院教学日 常运行经费 （×分）		资金使用是否维持学院日常教学正常运行，是否完成学校关于教学、教改的各项任务，是否提高本院日常教学水平等，是则得满分，否则酌情扣分	
		学院发展经费 （×分）		资金使用是否促进学院日常管理、教学、学生学科竞赛、科研、学科建设、人才建设是否稳步提升，是则得满分，资金使用无明确目标导向，教学、科研、学科建设、人才建设等出现停滞或出现问题，出现一方面的问题扣×分，扣满×分为止	

续表

一级指标	二级指标	三级指标	四级指标	指标得分标准	得分
产出 (30分)	学生素质教育、文化、生活等活动经费 （×分）	学生社团指导教师津贴 （×分）		学生社团指导教师津贴是否严格考核工作量、绩效按标准发放；学院学生素质教育经费、体育活动经费使用是否支持计划目标实现，是否有相关总结报告；文明宿舍经费是否支持宿舍活动的顺利开展，文明宿舍活动的计划目标是否顺利实现，是则得满分，否则酌情扣分	
		学院学生素质教育经费 （×分）			
		学院文明宿舍经费 （×分）			
		学院体育活动经费	未发生支出11月到账。不予考核		
		"一站式"学生社区综合管理建设经费	未发生支出12月到账。不予考核		
	学生实习、学科竞赛、就业经费 （×分）	实习经费 （×分）		实习经费是否按规定发放，是否支持本学院毕业班的学生实习活动顺利完成，是则得×分，如果存在部分班级实现实习任务，部分班级未能实现则酌情扣分；就业指导费使用是否有助于学生就业，就业率是否达到既定目标，是则得×分，否则酌情扣分；学科竞赛经费使用是否实现学科竞赛的计划目标，是则得×分，否则酌情扣分	
		学院就业指导费 （×分）			
		学院B类学科竞赛的培育经费 （×分）			
	学院党委党建工作经费 （×分）			是否明确党建工作计划和明确"结果"导向，工作是否有树立党建"品牌"，是则得满分。没有工作计划扣×分，没有明确绩效目标则酌情扣分	
	设备更新改造经费 （10分）			项目实施是否按照计划实施，是则得5分，计划是否有明确目标，项目实施是否达到既定的事前绩效目标，是则得满分，否则酌情扣分	

续表

一级指标	二级指标	三级指标	四级指标	指标得分标准	得分
产出 (30分)	内涵建设考评奖与学术成果奖 (×分)	内涵建设考评奖 (×分)		内涵建设指标得分与学院经费支出是否匹配，得分在全校文科学院排名情况，是否按规定标准发放，酌情扣分	
		学术成果奖 (×分)		学术成果奖是否完成既定计划指标，是否按规定标准发放，是则得满分，否则酌情扣分	
	其他 (×分)	招生工作经费	未支出（无正当理由），反向扣分	招生工作补贴、招生工作经费是否按招生工作计划、相关规定使用，是否达到既定目标，是则各得×分。无工作计划或无实施的，扣×分；宣传经费是否按规定使用，是否产生成效，是则得×分，否则得0分；招待经费是否按规定报销，是否在限定金额内，是则得×分，否则得0分	
		招生工作补贴			
		宣传经费	（×分）		
		招待经费			
		奖教金	（×分）	是否有相应的工作计划、管理办法，是则得×分，否则扣×分。是否按规定发放、使用，是则得满分，出现一起则扣×分	
		学院团费	（×分）		
		办班经费等	（×分）		
效果 (30分)	经济效益 (5分)	（作为加分项）		在不影响部门正常履职，不影响学院正常教学、科研情况下，项目带来经济效益，或者学院积极创收，每创收5万元加1分，最高可加5分	
	社会效益 (10分)			部门（学院）履职和项目支出是否产生社会效益，最主要取决于就业率，本指标得分 $= 10 \times$ 就业率（含本科和研究生）。此外，支出对学院、学校学生的思想、政治、文化等方面教育产生良好影响；积极服务地方政府、社会、企业；对学院、学校的社会声誉的传播产生积极影响；对学生就业产生积极影响等，可酌情加分	
	可持续性影响 (10分)			部门（学院）、科室（专业系）、项目支出形成的资产、设备、人才、团队是否具有良好的可持续性影响，是则得5分，否则酌情扣分；部门整体支出是否具有财力支持的可持续性，是则得5分，否则酌情扣分	

续表

一级指标	二级指标	三级指标	四级指标	指标得分标准	得分
效果（30分）	服务对象满意度（10分）			部门（学院）整体支出的产出和效果是否得到学生、老师、社会、上级部门认可？可采用毕业生评价、部门年终绩效考核评议结果、各种媒体报道、上级部门的嘉奖等综合评分。鉴于××大学预算绩效管理工作现状，本次评价采用毕业生就业满意度	
	合计总分				

注：考虑设备更新改造经费数额太大，此项指标分配10分分值。其余指标的分值权重主要参照指标分值基本权重加以适当调整，指标分值基本权重＝各项经费本期支出数/本期支出合计数（扣除设备更新改造经费）。其余指标分值＝20分×分值权重。

（3）"产出"指标。此次评价并未考虑人员经费，仅考虑公用经费和项目经费，且学院经费种类较多，因此本次评价繁多的经费归类设置8个二级指标，具体包括：教学与学生管理经费；教学日常运行经费和发展经费；学生素质教育、文化、生活等活动经费；学生实习、学科竞赛、就业经费；学院党委、党建经费；设备更新改造经费；内涵建设考评奖和学术成果奖；其他。

（4）"效果"指标。指标下设"经济效益""社会效益""可持续性影响""服务对象满意度"4个二级指标。考虑经济效益不是学校支出的主要结果导向，指标体系将"经济效益"作为加分项。

（二）人事劳动部门整体绩效评价指标体系

人事劳动部门整体绩效评价指标体系包括决策、过程、产出和效益4个一级指标，其中：

（1）"决策"一级指标。该指标包括3个二级指标，即项目立项、项目预算、基本支出和项目支出绩效目标。①"项目立项"包括1个三级指标"立项规范性"；②"基本支出和项目预算"包括4个三级指标，即"预算增长率""预算细化率""预算完成率""合理性"；③"基本支出和项目支出绩效目标"包括 2 个三级指标，即"目标合理性"和"目标完整性"。三级指标"目标合理性"下设 2 个四级指标，即"基本支出目标合理性"和"项目支出目标合理性"。三级指标"目标完整性"下设 2 个四级指标，即"基本支出目标完整性"和"项目支出目标完整性"。

（2）"过程"一级指标。该指标包括 6 个二级指标，即"项目管理""预算绩效管理""财务管理""单位和科室年度计划""信息系统""政府采购"。其中：①项目管理包括 2 个三级指标，即"制度健全性"和"制度执行有效性"；②预算绩效管理包括 3 个三级指标，即"管理制度""制度执行有效性""管理的组织分工"；③财务管理包括 3 个三级指标，即"财务制度""内部控制及其他制度""财务人员配备"；④年度计划包括 3 个三级指标，即"年度计划的合理性、科学性""年度计划详细程度""年度计划执行情况"。

（3）"产出"一级指标。人事劳动部门的科室多，职能繁杂。由于欠缺事前绩效目标、目标标准值的设计，笔者参照 201×年××人事劳动局年度计划和总结设计 6 个二级指标，标准值参照年度计划值。产出指标的 6 个二级指标分别是"党建活动""劳动和就业""群团工作""机关事业管理单位及其养老保险""城乡居民养老保险""行政服务"。①"党建活动"二级指标下设 7 个三级指标，具体包括"轮训和培训""考核、考评与评优""党费收缴""非公组织和企业党建""各类学习会议""发展新党员""其他工作"；②"劳动和就业"二级指标下设 7 个三级指标，具体包括"就业困难社会保险补贴""灵活就业社会保险补贴""职业技能补贴""职业资格证补贴""取得职业资格证""促进就业""解决拖欠农民工工资和劳工纠纷"；③"群团工作"二级指标下设 4 个三级指标，具体包括"慰问和帮扶等暖心工程""培训""活动和运动""其他工作"；④"机关事业单位管理及其养老保险"二级指标下设 3 个三级指标，具体包括"引进人才""教师编制""机关事业养老保险业务承接"；⑤"城乡居民养老保险"下设 5 个三级指标，具体包括"确认参保人员与缴费人员名单""信息化平台的建设""养老金发放"

"养老保险金缴交""核定新增待遇人员";⑥"行政服务"二级指标下设 2 个三级指标,即"行政服务中心筹建"和"行政服务中心建设"。上述 6 个二级指标的三级指标有的还设置四级指标,具体参见表 7-2。

表 7-2　　　　　　人事劳动部门整体预算绩效评价指标体系

一级指标	二级指标	三级指标	四级指标	评分标准	得分
决策 (20分)	项目立项 (4分)	立项规范性 (4分)		项目是否按照规定的程序申请立项;所提交的文件、材料是否符合相关要求。符合要求的得满分,不符合要求的酌情扣分	
	基本支出和项目支出预算 (8分)	预算增长率 (2分)	基本支出预算增长率 (1分)	基本支出预算增长率大于0,如果无合理的客观原因,得0分。基本支出预算增长率等于或小于0,得满分	
			项目支出增长率 (1分)	项目支出若与往年相同,且目标相同,支出增长率大于0,则得0分,小于或等于0,则得满分	
		预算细化率 (2分)	基本支出预算细化率 (1分)	按规定标准、计划标准或历史标准细化各项基本支出的得满分,否则得0分	
			项目支出预算细化率 (1分)	项目支出预算细化率大于等于80%的得满分,大于70%小于80%的酌情扣分,小于70%的得0分	
		预算完成率 (2分)	基本支出预算完成率 (1分)	年终基本支出预算完成率等于100%得满分,大于85%小于100%,如果是成本节约则得满分,否则酌情扣分,小于85%得0分	
			项目支出预算完成率 (1分)	项目支出预算完成率等于100%得满分,大于80%小于100%酌情扣分,小于80%的得0分	
		合理性 (2分)	基本支出的合理性 (1分)	基本支出是出现运行成本过高,是否与本地区经济、财政发展水平一致,是则得满分,否则酌情扣分	
			项目支出的合理性 (1分)	项目支出是否与本地区经济、财政发展水平一致,是则得满分,否则酌情扣分	

续表

一级指标	二级指标	三级指标	四级指标	评分标准	得分
决策 （20分）	基本支出和项目支出绩效目标 （8分）	目标合理性 （4分）	基本支出绩效目标合理性 （2分）	基本支出是否制定绩效目标，绩效目标是否与单位职责、规划目标、年度计划目标一致	
			项目支出绩效目标合理性 （2分）	项目支出是否制定绩效目标，绩效目标是否与项目目标一致，是否能体现项目产出和效益	
		目标完整性 （4分）	基本支出绩效目标完整性 （2分）	基本支出绩效目标是否包括投入、产出、效益和效果	
			项目支出绩效目标完整性 （2分）	项目支出绩效目标是否包括投入、产出、效益和效果	
过程 （10分）	项目管理 （2分）	制度健全性 （1分）		是否已制定或具有相应的业务管理制度；业务管理制度是否合法、合规、完整。一项不符合扣1分，严重的此项不得分	
		制度执行有效性 （1分）		资金的重大开支是否经过评估论证；资金的拨付是否有完整的审批程序和手续；财务管理制度是否按规定有效执行。一项不符合扣1分，严重的此项不得分	
	预算绩效管理 （3分）	管理制度 （1分）		是否制定预算绩效管理制度，例如事前、事中和事后的预算绩效管理流程与制度、预算绩效责任与激励机制等	
		制度执行有效性 （1分）		预算绩效管理制度是否得到落实	
		管理的组织分工 （1分）		预算绩效管理分工、组织是否明确、有效	
	财务管理 （2分）	财务制度 （1分）		是否有专门的资金管理办法；资金管理办法是否符合相关财务会计制度的规定。一项不符合扣1分，严重的此项不得分	

一级指标	二级指标	三级指标	四级指标	评分标准	得分
过程 (10分)	财务管理 (2分)	内部控制及 其他制度 (0.5分)		是否有内部控制制度，内部控制制度实施是否有效	
		财务人员配备 (0.5分)		财务人员人数、素质、培训等是否能满足预算绩效管理需求	
	单位和科室的 年度计划 (1分)	年度计划的 合理性、 科学性 (0.25分)		年度计划是否符合单位、科室的职能、长期规划目标	
		年度计划 详细程度 (0.25分)		年度计划是否列有详细工作任务、任务时限、工作目标以及相应预算金额等	
		年度计划的 执行情况 (0.5分)		年度计划是否按期限逐一落实	
	信息系统 (2分)			是否有信息系统，比如固定资产、采购信息系统、合同管理信息化等。是否有效利用信息系统	
	政府采购 (1分)			政府采购是否存在程序、质量和价格等方面问题	
产出 (30分)	党建活动 (5分)	轮训和培训 (1分)	对象 (0.5分)	是否按计划完成党员轮训和培训。按计划完成得满分，一次未完成酌情扣分	
			次数和人数 (0.5分)		
		考核、考评 与评优 (0.5分)		是否按计划完成各类考核、考评和评优工作，按计划完成得满分，否则得0分	
		党费收缴 (0.5分)		是否按时收缴党费，按时全部完成，得满分，否则得0分	
		非公组织和 企业党建 (1分)		是否有明确非公组织和企业党建计划，是否按计划完成，有则得满分，否则得0分。有计划未能全部完成酌情扣分	

续表

一级指标	二级指标	三级指标	四级指标	评分标准	得分
产出 （30分）	党建活动 （5分）	各类学习会议 （0.5分）		是否按计划举行各类学习会议，是则得满分，没按计划酌情扣分	
		发展新党员 （1分）		是否按计划完成新党员的发展，是则得满分，否则酌情扣分	
		其他工作 （0.5分）		是否按计划进行，是则得满分，否则得0分	
	劳动和就业 （6分）	就业困难社会保险补贴 （0.5分）	宣传工作 （0.25分）	是否广泛宣传就业困难社会保险补贴，是则得满分，否则得0分	
			发放社会保险补贴 （0.25分）	是否按程序、标准及时、准确发放社会保险补贴，是则得满分，否则酌情扣分	
		灵活就业社会保险补贴 （0.5分）		是否按程序、标准认真核发灵活就业社会保险补贴人员待遇，有则得满分，否则得0分	
		职业技能补贴 （0.5分）		是否按要求、标准认真审核、发放职业技能补贴，是则得满分，否则得0分	
		职业资格证补贴 （0.5分）		是否及时、按标准向取得职业资格证人员发放补贴，有则得满分，无则得0分	
		取得执业资格证 （0.5分）	取得资格证人数 （0.25分）	取得资格证人数是否达到计划人数，如果是则得满分，低于计划得0分	
			取得资格证人数比例 （0.25分）	取得资格证人数占被培训人数比例，低于40%的得0分，超过40%低于60%的，酌情扣分	
		促进就业 （2.5分）	企业用工调研 （0.5分）	是否将开发区用工情况和用工需求调查清楚，是则得满分，否则得0分	
			用工招聘会 （0.5分）	是否按计划举行用工招聘会，是则得满分，否则得0分	
			就业培训 （1分）	培训次数和场次是否完成计划指标，是则得满分，否则酌情扣分	
			其他促进就业工作 （0.5分）	是否有其他促进就业工作，比如发布就业信息、对就业困难人员进行针对性帮扶等，有则加分，无则不加分	

续表

一级指标	二级指标	三级指标	四级指标	评分标准	得分
产出 (30分)	劳动和就业 (6分)	解决拖欠农民工工资和劳工纠纷 (1分)	解决农民工工资拖欠问题 (0.5分)	是否会同相关部门解决农民工工资拖欠问题,有且有效解决得满分,尚未有效解决的,酌情给分	
			解决劳动纠纷 (0.5分)	是否及时办结劳动纠纷,是则得满分,否则酌情扣分	
	群团工作 (5分)	慰问和帮扶等暖心工程 (1.5分)	慰问 (0.5分)	是否按计划完成慰问活动,是则满分,否则酌情扣分	
			帮扶 (0.5分)	是否按计划开展帮扶活动,是则得满分,否则酌情扣分	
			其他 (0.5分)	是否计划进行其他暖心活动,有则适当加分,无则不加分	
		培训 (1分)	工会培训 (0.5分)	是否按计划进行专业、政治培训,是则得满分,否则酌情扣分	
			团委培训 (0.5分)	是否按计划进行培训,是则得满分,否则酌情扣分	
		活动和运动 (2分)	工会活动和运动 (1分)	是否完成计划安排的节假日活动和运动,是则得满分,否则酌情扣分	
			团委活动和运动 (1分)	是否完成计划安排的节假日活动和运动,是则得满分,否则酌情扣分	
		其他工作 (0.5分)	比如省、市劳模推荐、总工会换届、团委换届	是否及时完成相关工作计划和任务,是则得满分,否则酌情扣分	
	机关事业单位管理及其养老保险 (6分)	引进人才 (2分)	引进人才总数 (1分)	是否达到预计引进人数,是则得满分,否则酌情扣分	
			引进硕、博人才数 (0.5分)	是否达到预计引进人数,是则得满分,否则酌情扣分	
			引进中高级职称人数 (0.5分)	是否达到预计引进人数,是则得满分,否则酌情扣分	

一级指标	二级指标	三级指标	四级指标	评分标准	得分
产出 (30分)	机关事业单位管理及其养老保险 (6分)	教师编制 (1分)		是否按计划努力解决教师编制历史遗留问题，是则得满分，否则酌情扣分	
		机关事业养老保险业务承接 (2分)	申请承接 (0.5分)	各级各部门、单位是否按计划申请承接机关事业单位养老保险经办业务，是则得满分，否则酌情扣分	
			准备工作 (1分)	是否做好充分准备来承接业务，比如业务培训，与中国移动、银行衔接，试运行系统等。是则得满分，否则酌情扣分	
			办理缴交 (0.5分)	按规定对符合条件人员及时办理养老保险缴交业务，是则得满分，否则得0分	
		其他 (1分)		其他工作是否按计划、有效完成，是则得满分，否则酌情扣分	
	城乡居民养老保险 (3分)	确认参保人员与缴费人员名单 (0.5分)		是否及时确认参保人和缴费人，并协调银行出盘扣款，是则得满分，否则酌情扣分	
		信息化平台的建设与使用 (1分)		是否按计划推进信息化平台建设与运行，是则得满分，否则酌情扣分	
		养老金发放 (0.5分)		养老金是否按时、足额发放，是则得满分，否则得0分	
		养老保险金缴交 (0.5分)		是否及时、按标准收缴养老保险金，是则得满分，否则酌情扣分	
		核定新增待遇人员 (0.5分)		是否及时核定新增待遇人员并及时、足额发放待遇，是则得满分，否则得0分	
	行政服务 (5分)	行政服务中心筹建 (2分)		是否按计划进行各项筹建事务，筹建方案是否合理，是则得满分，否则酌情扣分	

一级指标	二级指标	三级指标	四级指标	评分标准	得分
产出 (30分)	行政服务 (5分)	行政服务 中心建设 (3分)	政府采购 (0.5分)	是否按规定进行政府采购，是则得满分，否则得0分	
			制定中心 管理制度 (0.5分)	是否制定较为完善的中心管理制度，是则得满分，否则酌情扣分	
			调研学习 (0.5分)	调研学习是否合理，是否吸收适合开发区的经验，是则得满分，否则酌情扣分	
			督促各方面 建设 (0.5分)	是否及时、有力督促各方按计划建设中心，是则得满分，否则酌情扣分	
			窗口人员 招聘与培训 (0.5分)	窗口人员招聘是否按程序进行，培训是否专业，是则得满分，否则酌情扣分	
			做好各部门入 驻中心各项前 期准备工作 (0.5分)	是否提前辅导部门如何入驻办事，是否做好事前各种准备，是则得满分，否则酌情扣分	
效益 (40分)	经济效益 (10分)	党员发挥 模范作用 (3分)		党建是否发挥了促进公有制和非公制经济党员先锋模范作用，是则得满分，否则酌情扣分	
		劳动培训和 教育促进 经济发展 (4分)		劳动就业培训是否提高就业技能，是否促进就业，教育是否提升当地居民教育水平，是则得满分，否则酌情扣分	
		就业信息和 用工招聘平 台减少市场 交易成本 (3分)		就业信息发布是否及时、准确，用工招聘平台是否积极有效，有则得满分，否则酌情扣分	
	社会效益 (10分)	基层工会 积极有效 (2分)		考核基层工会是否积极有效，能否有效组织会员开展各项活动，是则得满分，否则酌情扣分	
		共青团发挥 积极作用 (2分)		共青团工作效果是否团结年轻人努力进取，是则得满分，否则酌情扣分	

续表

一级指标	二级指标	三级指标	四级指标	评分标准	得分
效益 （40分）	社会效益 （10分）	文体活动丰富员工生活 （3分）		文体活动形式是否符合当下员工需求，是否促进员工积极向上地工作、学习和生活，是否有员工积极参与，是则得满分，否则酌情扣分	
		社会稳定 （3分）		无农民工、教师、企业员工等向上级政府投诉、游行、上访行为的，得满分，有则酌情扣分	
	可持续性影响 （6分）	人才队伍的可持续性影响 （2分）		引入人才是否稳定，是则得满分，否则酌情扣分	
		优秀党员、共青团员的可持续性影响 （2分）		优秀党员和共青团员人数是否逐渐增多，是则得满分，否则酌情扣分	
		职业技术人员的可持续性影响 （2分）		职业技术人员是否通过培训越来越多，是则得满分，否则酌情扣分	
	服务对象满意度 （14分）	培训对象满意度 （4分）	党员培训满意度 （1分）	以满意度调查表调查结果为准，2/3以上满意的得满分；1/2～2/3一般满意的，酌情扣分；1/2以上不满意的，得0分	
			工会培训满意度 （1分）		
			团委培训满意度 （1分）		
			就业培训满意度 （1分）		
		招聘对象满意度 （2分）			
		绩效考核满意度 （2分）			

续表

一级指标	二级指标	三级指标	四级指标	评分标准	得分
效益 （40分）	服务对象 满意度 （14分）	党员满意度 （2分）	党员对培训以 外活动和事项 的满意度	以满意度调查表调查结果为准，2/3 以上满意的得满分；1/2～2/3 一般 满意的，酌情扣分；1/2 以上不满意 的，得 0 分	
		办事人员对行 政服务中心 满意度 （2分）			
		教师满意度 （2分）			
		农民工满意度 （2分）			
		社保参保人 员满意度 （2分）			

（4）"效益"一级指标。该指标下设 4 个二级指标，具体包括"经济效益""社会效益""可持续性影响""服务对象满意度"。其中，①"经济效益"二级指标下设"党员发挥模范作用""劳动培训和教育促进经济发展""就业信息和用工招聘平台减少市场交易成本"；②"社会效益"二级指标下设 4 个三级指标，具体包括"基层工会积极有效""共青团发挥积极作用""文体活动丰富员工生活""社会稳定"；③"可持续性"影响二级指标下设"人才队伍的可持续性影响""优秀党员、共青团员的可持续性影响""职业技术人员的可持续性影响"3 个三级指标；④"服务对象满意度"二级指标下设 7 个三级指标，具体包括"培训对象满意度""招聘对象满意度""党员和共青团员满意度""办事人员对行政服务中心满意度""教师满意度""农民工满意度""社保参保人员满意度"。

上述指标设置的几点补充说明如下：一是部门整体绩效目标并非项目绩效目标的简单汇总，它必须反映部门主要职能、工作计划。因此，本书设计的人事劳动部门局整体绩效目标并没有将各科室 2018 年所做事情全部体现出来。二是人事劳动部门的科室多，任务杂，每年任务会有一些变化。本书制定的是 2018 年部门整体绩效目标表，以后应根据管理目标、工作重心、任务重点的转变进行动态调整，不能一成不变使用本绩效目标表。三是评分标准考虑到有些计划完不成的原因是复杂的，有客观的，有主观的，有内部的，有外部的，所以当计划标准未完成并不都是"得 0 分"，而是有的设计成"酌情扣分"。四是采用 100 分制。决策指标 20 分，过程 10 分，产出 30 分，效益 40 分。分值分配的根据是：2018 年 9 月中共中央、国务院发布的《关于全面实施预算绩效管理的意见》明确提出，预算绩效管理要强调"结果导向"。因此，决策和过程仅占 30 分，产出占 30 分，效益 40 分。本案例的产出指标是以部门单位的"履职情况"设置。但，指标的设计还是存在一些问题，比如产出指标的二级指标无法设置数量、质量和成本指标，原因是部门单位未设置事前绩效指标和指标值，事后绩效评价只能根据工作计划或工作事项的有关规定来评价其数量和质量的完成情况。

第八章

建设并完善部门预算绩效管理机制

完善"全过程"部门预算绩效管理机制是提高经济和社会高质量发展的重要保障措施。为此，部门单位应全面树立预算绩效管理理念，建立并完善事前、事中和事后全链条预算绩效管理机制。

一、建立并完善事前部门预算绩效管理机制

事前部门预算绩效管理机制主要包括事前部门绩效目标管理机制、事前成本控制机制和事前绩效评估机制。

（1）事前部门绩效目标管理机制的建立和完善。事前部门绩效目标管理机制包括填报部门绩效指标和部门绩效指标审核。目前，多数预算单位对预算绩效管理还处在比较被动状态之中，事前部门预算绩效指标和指标的目标值设定很随意、不合理、不科学。事前部门预算绩效指标和指标的目标值设定不合理直接影响事中绩效监督和事后绩效评价活动的有效开展。有鉴于此，财政部门要组织专家对预算单位提交的事前部门绩效指标和指标的目标值进行评审，然后建立部门预算绩效指标库。部门单位可在预算绩效指标库选择当年度的部门预算绩效指标和指标值，还可根据年度的具体情况设置新

的指标和指标值。随着时间推移，财政部门应根据实际情况动态调整部门预算绩效指标库。

（2）事前成本控制机制的建立与完善。事前成本控制主要是指，部门对本单位新项目、重大项目和建设项目进行成本效益分析。制定各个项目预算标准，确定项目的定额成本标准，科学编制项目预算，最终实现本部门成本控制。

（3）建立并完善事前绩效评估机制。理论上，如果部门做实、做真项目的事前绩效评估，那么事前部门预算绩效评估工作就可以不需要再进行。然而，实施事前部门预算绩效评估可能会从更高视角，比如国家和地方宏观经济、政治、社会、文化等发展规划来审视部门预算资金分配的合理性。因此，除了项目和政策事前绩效评估，财政部门可选择一些部门单位做事前绩效评估，具体流程如下：

①财政部门确定事前绩效评估对象；

②确定评估专家或第三方机构；

③拟定实施事前绩效评估方案（财政部门或第三方）；

④预算单位提交相关资料或第三方机构现场交流、调查以及资料收集；

⑤专家现场审核材料，预算单位现场答辩；

⑥撰写事前评估意见或报告；

⑦提交评估意见或报告，接受预算单位的反馈意见后再修改报告；

⑧确定事前绩效评价结果。

二、实施事中部门预算绩效监控

事中预算绩效管理能及时、有效地避免项目实施过程出现项目进度问题、项目质量问题、财政资金浪费等问题。随着我国预算绩效管理改革的推进，一些地方已经认识到事中监控的作用，并主动做好事中预算绩效管理，甚至进行事中的项目绩效评价，同时把事中绩效评价结果加以应用。事中部门预算绩效监控机制主要包括事中监控和事中绩效评价。

（1）事中监控机制。随着预算绩效管理改革深化，事中预算绩效管理越来越受重视。财政部门要求部门单位提交事中绩效监控表。

（2）事中绩效评价。财政部门可要求部门单位对一些大项目做事中绩效自我评估，对一些大项目和特大项目则组织进行外部事中绩效评价。外部事中绩效评价与事后绩效评价极为类似，可视为"阶段性事后绩效评价"。

三、做好事后部门预算绩效评价，加强预算绩效评价结果应用

我国预算绩效管理改革始于事后预算绩效评价，事后预算绩效评价积累较多的经验。事后绩效评价流程与事前绩效评估的流程大体相似，具体可设置如下：

（1）财政部门确定事后绩效评估对象；

（2）确定第三方评价机构；

（3）第三方评价机构拟定绩效评价方案和罗列资料清单；

（4）被评价单位提交相关资料，第三方机构现场交流、调查以及资料收集；

（5）提交事后绩效评价指标体系；

（6）财政部门将绩效评价指标体系下发给被评价单位，再将反馈意见转发给第三方评价机构；

（7）第三方机构现场再调研、收集资料，与被评价单位进行交流；

（8）撰写事后绩效评价报告初稿；

（9）提交绩效评价报告，接受被评价单位的反馈意见后再修改报告。被评价单位的反馈意见要附带举证材料；

（10）提交绩效评价报告终稿。

2018 年中共中央、国务院颁发的《关于全面实施预算绩效管理的意见》规定，各级财政部门要推进绩效信息公开、重要绩效目标、绩效评价结果要与预决算草案同步报送同级人大、同步向社会主动公开，搭建社会公众参与绩效管理的途径和平台，自觉接受人大和社会各界监督。笔者认为，部门预算绩效评价的结果应用包括：要求被评价单位进行整改、作为下一年预算安排的参考依据、作为预算绩效审计的参考、向人大和社会公开以提高政府信息透明度等。部门预算绩效评价结果的应用是预算绩效管理的"灵魂"和"生命力"，加强评价结果应用才能真正实现"以预算绩效管理推动财政资金使用的提质增效"目标。

四、实施"全过程"成本控制，
贯彻"成本效益"理念

预算绩效管理改革，一是要求强调"结果导向"，二是贯彻"成本效益"理念。实施"全过程"成本控制才能真正贯彻"成本效益"理念，而"全过程"成本控制包括事前成本效益分析、成本计划，事中成本核算，及事后成本评价。根据我国预算绩效管理的成本控制现状与问题，笔者认为，我国各地财政部门要积极推进成本预算改革试点，通过制定项目预算支出标准、确定成本项目的定额标准、做好成本效益分析等工作实现部门预算的事前成本控制；进一步完善事业单位成本核算制度，为预算绩效管理提供相应的成本信息；实施事后部门预算管理的成本评价。

五、健全预算绩效管理制度，强化责任约束

预算绩效管理改革另一个要求就是强化责任约束。改革提出"花钱必问

效，无效必责"。目前，我国部门预算绩效管理改革刚起步，各环节的管理工作缺乏明确的制度加以指导，部门预算绩效管理工作很不规范。一些地方将预算绩效评价结果计入政府效能考核体系，取得较好成效。各地财政部门应在实践基础上总结经验，尽快建立并完善管理制度，尤其是要建立相应的责任制度。

参考文献

［1］曹堂哲，罗海元．部门整体绩效管理的协同机理与实施路径——基于预算绩效的审视［J］．中央财经大学学报，2019（6）：3－10．

［2］程中倩，吴水荣，梁巍．林业领域国家重点研发专项资金项目绩效评价体系构建初探［J］．科技管理研究，2020，40（15）：80－88．

［3］方振邦，罗海元．政府绩效管理创新：平衡计分卡中国化模式的构建［J］．中国行政管理，2012（12）：25－29．

［4］房巧玲，李晓燕，覃琴．我国审计市场结构与绩效研究综述［J］．财会通讯，2010（36）：143－146，150，161．

［5］黄溶冰，陈耿．节能减排项目的绩效审计——以垃圾焚烧发电厂为例［J］．会计研究，2013（2）：86－90，95．

［6］景宏军，王悦．预算绩效再评价及其指标体系研究［J］．财政科学，2022（4）：19－31．

［7］李杰刚，李志勇，智荣卿．构建新时代中国特色社会主义绩效预算考评体系［J］．地方财政研究，2019（8）：4－8，14．

［8］刘炳南，章苗红．浅谈部门预算支出绩效考评体系［J］．水利发展研究，2008（3）：46－49．

［9］刘晓凤．德国经验对我国部门预算管理的启示［J］．武汉金融，2007（4）：32－33．

［10］刘宇．预算绩效评价与预算支出管理改革衔接问题探析［J］．地方财政研究，2009（4）：54－56.

［11］马蔡琛，赵笛．大数据时代的预算绩效指标框架建设［J］．中央财经大学学报，2019（12）：3－12.

［12］马海涛，曹堂哲，李敏．我国部门预算整体绩效报告制度的基本框架和实施路径——基于整体性治理的系统集成分析［J］．财政研究，2021（5）：26－37.

［13］马海涛，曹堂哲，彭珮文．财政运行综合绩效评价的理论、指标与展望——基于财政预算"行为—功能"的分析［J］．中央财经大学学报，2022（11）：3－16.

［14］茆英娥．关于我国建立预算绩效评价体系的理论探讨［J］．财政研究，2005（10）：20－22.

［15］聂常虹．美国政府绩效考评制度及启示［J］．财政研究，2012（9）：69－71.

［16］彭黛云．新时代高校全面绩效预算管理存在的问题与对策［J］．福州大学学报（哲学社会科学版），2021，35（6）：108－112.

［17］施珺．美、英公共支出绩效评价制度的借鉴与启示［J］．财政监督，2007（13）：61－62.

［18］孙骏．当代西方政府绩效与绩效管理理论研究综述［J］．中共宁波市委党校学报，2005（4）：14－16.

［19］孙克竞．我国部门预算绩效管理改革评价与深化思路［J］．重庆工商大学学报（西部论坛），2008，18（6）：75－79.

［20］王泽彩．进一步强化预算绩效管理的几点思考［J］．中国财政，2014（10）：48－49.

［21］杨玉霞．中国政府预算改革及其绩效评价［M］．北京：北京师范大学出版社，2011.

［22］张馨、袁星候和王玮．部门预算改革研究［M］．北京：经济科学

出版社，2001．

［23］张依群，王泽彩．政府绩效预算监管的国际经验及启示［J］．经济纵横，2022（5）：110－118．

［24］张志超，丁宏．英国地方政府绩效管理制度运作的经验与启示［J］．华北水利水电学院学报（社科版），2007（6）：18－21．

［25］Baird K. Adoption of activities management practices in public sector organizations［J］．Accounting & Finance，2007，47（4）：551－569．

［26］Dr Dale R Geiger. Tradeoffs between Comparable Consistency and Relevant Customization in Federal Management Accounting［J］．The Government Accountants Journal，1994，43（2）．

［27］Fitzgerald L. Performance Measurement in Service Businesses［M］．The Chartered Institute of Management Accountants，Unwin，Surrey，1991．

［28］Fred Thompson. Mission，Driven，Results，Oriented Budgeting：Fiscal Administration and the New Public Management［J］．Public Budgeting & Finance，1994．

［29］Geiger D R，Ittner C D. The influence of funding source and legislative requirements on government cost accounting practices［J］．Accounting Organization & Society，1996，21（6）：549－567．

［30］Geiger D R. Practical Issues in Cost Object Selection & Measurement［J］．Government Accountants Journal，1999，48．

［31］Hatry H. Mini Symposium on Intergovernmental Comparative Performance Data［J］．Public Administration Review，1999（11）：23－46．

［32］Irene Rubin. The Future of Budgeting Theory［J］．Public Management Research，2006：3－14．

［33］Jegers M，Edbrooke D L，Hibbert C L，et al. Definitions and methods of cost assessment：An intensivist's guide［J］．Intensive Care Medicine，2002，28（6）：680－685．

［34］ John L. Mikesell, Tax Expenditure Budgets, Budget Policy, and Tax Policy: Confusion in the States ［J］. Public Budgeting & Finance, 2002（4）: 34 – 51.

［35］ Klase K A, Dougherty M J. The impact of performance budgeting on state budget outcomes ［J］. Journal of Public Budgeting, Accounting & Financial Management, 1994.

［36］ Lynch R. Cross K. Measure Up the Essential Guide to Measuring Business Performance ［J］. 1991.

［37］ Marti. Performance budgeting and accrual budgeting a study of the united kingdom, australia, and newzeal ［J］. Public Performance & Management Review, 2013（1）: 33 – 58.

［38］ Moynihan Donald, BeazleyIvor. Toward Next-Generation Performance Budgeting: Lessons from the Experiences of Seven Reforming Countries ［J］. Washington, DC: World Bank Group, 2016.

［39］ Rivenbark W C, Carter K L. Benchmarking and cost accounting: The North Carolina approach ［J］. Journal of Public Budgeting Accounting and Financial Management, 2000, 12: 125 – 137.

［40］ Robinson, M. & Brumby, J. Does Performance Budgeting Work? An Analytical Review of the Empirical Literature ［M］. s. l. : International Monetary Fund, 2005.

［41］ Ronald McGill. Performance budgeting ［J］. International Journal of Public Sector Management, 2001（5）: 376 – 390.

［42］ Schick Allen. The Performing State: Reflection on an Idea Whose Time Has Come but Whose Implementation Has Not ［J］. OECD Journal on Budgeting, 2003, 3（2）: 71 – 103.

附　　录

如何提高我国第三方机构预算绩效评价质量?*

胡志勇　高文杰

2018 年 9 月 1 日中共中央、国务院颁布的《关于全面实施预算绩效管理的意见》提出"更加注重结果导向、强调成本效益……着力提高财政资源配置效率和使用效益,改变预算资金分配的固化格局,提高预算管理水平和政策实施效果"的改革目标。预算绩效评价是"全过程"预算绩效管理的最后环节,是对项目、政策、部门单位和政府预算执行结果的考核,预算绩效评价质量直接决定结果的应用性。目前,我国预算绩效外部评价工作大部分是委托第三方机构开展。然而,各方面原因,比如第三方机构执业资质参差不齐、主评人专业能力各不相同、评价忽略"成本管控"评价、事前评估环节缺失等,影响预算绩效评价质量。为了进一步推动我国预算绩效管理改革的深化,加强对第三方机构的管理、提高预算绩效评价质量、推进评价结果的应用势在必行。

---

* 本文受福建省社科基地重大项目"高质量发展背景下部门预算绩效管理改革研究——以福建省为例"(FJ2022JDZ038)资助。胡志勇,集美大学地方财政绩效研究中心副主任、教授;高文杰,集美大学财经学院硕士生。此文刊发在《中国财政》2024 年第 5 期。

一、第三方机构预算绩效评价存在的问题

《关于全面实施预算绩效管理的意见》实施以来，第三方机构已经广泛介入预算绩效管理改革之中，尤其是预算绩效评价工作。客观地讲，第三方机构为预算绩效管理改革发挥了积极作用，尤其是一些较为优质的第三方机构，作为财政部门的智库，为预算绩效管理改革作出较大的贡献。然而，从全国范围来看，第三方机构的预算绩效评价还是存在以下几个主要问题。

（1）第三方机构成分复杂，执业资质参差不齐。目前，我国第三方机构包括专业咨询机构、会计师事务所、律师事务所、研究机构、高等院校以及其他组织机构。笔者在实践中观察到：①不同类型的第三方机构之间存在较大的执业资质差异。总体而言，研究机构和高等院校的执业资质相对较高，其次是专业咨询机构、会计师事务所和律师事务所，最后是其他组织机构。其他组织机构是指专业咨询机构、会计师事务所、律师事务所、研究机构、高等院校以外的组织机构，这些组织机构包括与经济有关和无关的各种社会组织。②同类型第三方机构之间存在执业资质的差异，比如高等院校之间，经济类院校比非经济类院校的执业资质高，有设财政专业的高等院校比不设财政专业的高等院校的执业资质高；再比如会计师事务所之间，机构所在城市发达程度、机构规模大小和机构从业人员素质都一定程度上影响第三方机构的执业资质。

（2）第三方机构资源分布不均衡，各级各地财政可获得的服务差异大。从纵向上看，中央、省和市财政部门可获得较优质的第三方机构资源以资改革，而广大县域财政部门可获得第三方机构资源相当有限，优质的第三方机构资源更是难得。从横向上看，经济发达地区的财政部门可获得较为优质的第三方资源，经济欠发达地区的财政部门难以获得优质的第三方资源。笔者在实践中发现，第三方机构资源分布不均衡在一定程度上影响各级各地的预算绩效管理改革进度和成效。以福建为例，近5年市级预算绩效管理改革总体上是优于县域的。经济发展较好的市县的预算绩效管理改革总体上是优于

经济发展较差的市县。

（3）主评人教育背景各不相同，业务素质、能力和水平差异较大。目前，我国从事预算绩效评价的主评人具有不同的教育背景。有经济学教育背景的主评人具有宏观经济思维，在评价中能迅速地作出专业判断。例如对某地政府出台的产业政策进行绩效评价，假设产业政策制定对某产业项目进行全过程、全环节的优惠补助政策，具有经济教育背景的主评人会马上判断出产业政策的主要问题——政府行为越界。有会计学教育背景的主评人更多的是微观经济思维，在预算绩效评价中习惯"企业审计"思维和行为模式，即注重于资金使用的合法合规性。传统"控制型"预算就是关注资金的合法合规性，而强调"结果导向"预算绩效管理主要关注"产出与结果"和"成本管控"。非经济学、会计学专业背景的主评人在预算绩效评价中的专业判断、能力和水平更是因人而异，差异较大。教育背景的不同影响了主评人的业务素质、能力和水平，最终影响预算绩效评价质量。

（4）评价重在求证"结果导向"，缺乏对"成本管控"的评价。目前，第三方机构的评价重在求证项目、政策和部门单位支出是否具有"结果导向"，评价工作的核心在于设计一套合理、明确的评价指标体系，对"成本管控"的评价较少。少数地方财政部门先行先试"成本效益"分析，积累一些经验，比如北京。"成本效益"分析属于前端的预算绩效评估而非后端的预算绩效评价的内容。"结果导向"和"成本管控"是预算绩效管理的两个重要组成部分，缺一不可。预算绩效评价若不能对"成本管控"进行评价，那预算绩效评价结果的应用性和提质增效的作用就大打折扣。目前，第三方机构对政府领域的成本认知含糊，混淆概念，比如将项目支出视为项目成本、将成本管控等同成本核算、将单位财政补助等同单位成本、将成本效益等同成本收益等。诚然，政府领域的成本复杂，成本管控的理论和技术不够成熟。短期内，第三方机构对"成本管控"开展评价是一种挑战。

此外，预算绩效评价还存在"为评价而评价"、评价队伍不稳定等问题。上述各种问题直接影响评价质量。

二、第三方机构预算绩效评价问题的原因分析

第三方机构预算绩效评价问题背后的原因是多样的，比如管理暂行办法不够完善、主评人缺少宏观经济和财政思维、全链条预算绩效管理不健全、"一把手工程"建设进度不一、评价的责任机制不具体等。

（1）管理暂行办法不够完善，第三方机构进入门槛条件缺失。2021年4月29日财政部印发的《第三方机构预算绩效评价业务监督管理暂行办法》（以下简称管理暂行办法）规定，第三方机构包括专业咨询机构、会计师事务所、资产评估机构、律师事务所、科研院所、高等院校等组织机构。除此之外，管理暂行办法并无规定第三方机构的门槛条件。实践中笔者发现：除了管理暂行办法列举的机构外，第三方机构成分较为复杂，高等院校包括经济类和非经济类院校，研究机构包括经济类和非经济类研究机构，专业咨询机构和会计师事务所规模大小不一，此外还包括管理暂行办法列举之外的其他机构，比如计算机协会等。目前，我国第三方机构堪称"鱼龙混杂"，这大大增加财政部门对第三方机构进行监督管理困难，也使得甄别优质第三方机构的难度加大。

（2）管理暂行办法未明确专业身份标识，许多主评人缺乏宏观经济和财政思维。管理暂行办法规定：担任主评人必须具有与预算绩效评价业务相适应的学历、能力；具备中高级职称或注册会计师、评估师、律师、内审师、注册造价工程师、注册咨询工程师等相关行业管理部门认可的专业资质；具有5年以上工作经验，其中从事预算绩效评价工作3年以上等。然而，关于主评人的规定主要是职称和其他领域资质的要求，有关预算绩效管理素质和资质的要求少。换言之，主评人缺少明确的"专业身份标识"。现实中很多是从事企业审计、会计人员转行做预算绩效评价。"企业审计"思维和行为模式过分强调"资金使用的合法、合规性"，这是属于传统"控制型"预算管理范畴，而非"结果导向"预算管理范畴。缺乏宏观经济与财政思维的主评人在评价中无法准确作出专业判断，譬如对建在尚在开发小区旁的幼儿园

项目，缺乏宏观经济和财政思维的主评人可能无法从基本公共服务均等化角度作出专业判断；再比如某政府出台"全过程"的产业扶持政策，缺乏宏观和财政思维的主评人可能无法从"政府和市场合理边界"去判断产业政策存在的问题。当主评人缺乏宏观经济和财政思维，评价能力和水平将一定程度受到限制，评价结果也难以令委托方财政部门满意。

（3）全链条预算绩效管理不健全，增加预算绩效评价难度。预算绩效管理是"全过程"闭环的管理链条，如果事前绩效评估工作不扎实，那么事中绩效监控和事后绩效评价的难度就会加大。比如事前绩效目标制定不明确、不合理，预算单位和财政部门无法进行有效监控，而事后的绩效评价的重点工作必然是"制定一套科学、合理的事后评价指标体系"。此外，被评价单位会对"事前绩效指标设置的扣分"提出异议：既然事前绩效目标通过财政部门审核，经过人大批准，事后绩效评价就不应就此扣分。再比如事前成本预测、成本决策和成本计划环节缺失，事中成本监控和事后成本评价就没有基础和依据。

（4）"一把手工程"建设进度不一，评价结果应用存较大区域性差异。目前，我国各地"一把手工程"建设进度不一。在"一把手"重视预算绩效管理改革的地方，预算评价结果的公开和应用工作就开展得好，第三方机构更重视预算绩效评价报告质量。反之，在"一把手"不重视预算绩效管理的地方，财政部门的业务科室会出现"护犊子"行为，绩效科难以有效推进改革。一些地方甚至未遵守财政部发布的《关于委托第三方机构参与预算绩效管理的指导意见》要求的"坚持权责清晰、主体分离"原则，没有严格执行利益冲突回避制度，委托主体与预算绩效管理对象未分离。总之，"一把手工程"建设落后的地方往往出现"为评价而评价""绩效管理无绩效"现象。

（5）评价的责任制度不够具体和完善，不利于规范第三方评价行为。管理暂行办法规定了"将预算绩效评价业务转包""未经委托方同意将预算绩效评价业务分包给其他单位或个人实施""出具本机构未承办业务、未履行适当评价程序、存在虚假情况或者重大遗漏的评价报告""以恶意压价等不正当竞争手段承揽业务"等违规行为。针对上述违规行为,管理暂行办法规定"视情节轻重,给予责令改正、约谈诫勉、通报给行业监管部门或主管部门、记录不良诚信档案等处理"等处罚方式。处罚方式不仅不具体且未有明确的经济处罚措施。评价的责任机制不够具体和完善,不利于规范第三方机构的评价行为,从而影响评价质量。

三、提高第三方机构预算绩效评价质量的对策建议

综上所述,第三方机构预算绩效评价存在"第三方机构成分复杂,执业资质参差不齐""第三方机构资源分布不平衡,各级各地财政可获得的服务差异大""主评人教育背景各不相同,业务素质、能力和水平差异较大""评价重在求证结果导向,缺乏对成本管控的评价"等问题。问题的原因是:管理暂行办法不够完善、主评人缺少宏观经济和财政思维、全链条预算绩效管理不健全、"一把手工程"建设进度不一、评价的责任机制不具体等。有鉴于此,笔者提出以下几条对策建议。

(1)加强对第三方机构的执业资质审查与执业监督管理。现行的管理暂行办法并未规定第三方机构的门槛条件。缺乏门槛条件导致第三方机构的执业资质千差万别,这增加了财政部门监管的难度。笔者认为,管理暂行办法应明确规定第三方机构的执业资质,比如机构从事经济行业的背景、机构规模、具有宏观经济教育背景高级职称人员人数、有预算绩效管理研究成果和从业经历记录等。财政部门要加强对第三方机构执业资质的审查,并加强对其执业监督管理。

(2)省、市财政部门大力支持县域预算绩效管理改革。由于第三方机构资源大都分布在省、市,县域财政部门在有限经济和财力水平下无法获得优质的第三方机构资源,省、市财政部门要多建智库以支持县域改革。省、市财政部门还可以通过组织更多的专业培训,帮助县域培养预算绩效管理人才。

（3）加强对主评人的后续教育、加强预算绩效管理人才的培养。现行的管理暂行办法对主评人的规定过于宽泛，有关预算绩效从业能力的规定条款较少，也未明确主评人的专业身份标识，例如预算绩效评价师。管理暂行办法虽然规定：可以通过财政部门户网站"预算绩效评价第三方机构信用管理平台"录入评价机构和主评人信息。但录入信息并非主评人从业的必要条件。笔者认为，确认主评人的专业身份标识是很有必要，财政部门还应加强对主评人的后续教育管理。除了对现有主评人加强培训和后续教育外，加强预算绩效管理人才培养应从本科教育抓起，修订经济院校的财政本科培养方案，设置《财政绩效管理》课程。

（4）健全"全过程"预算绩效管理，提高预算绩效评价质量。我国预算管理始于预算绩效评价，很多地方还未开展事前绩效评估，事前绩效目标不明确、不合理、成本效益分析的缺失、项目可行性论证的形式化等问题严重影响事中绩效监控和绩效评价的有效性。做实做真事前绩效评估、健全"全过程"预算绩效管理是提高预算绩效评价质量的重要前提与基础。

（5）重视"一把手工程"建设，推进评价结果公开与应用。预算绩效评价结果的应用必然促进评价质量的提升，也是防止"为评价而评价""绩效管理无绩效"的重要措施，是实现"提高财政资源配置效率和使用效益，改变预算资金分配的固化格局，提高预算管理水平和政策实施效果"改革目标的关键。而"一把手工程"的建设进度直接关系到预算绩效评价结果的应用程度。因此，深化我国预算绩效管理改革的一个关键是重视并推进各地"一把手工程"的建设。

（6）完善评价的责任制度，规范第三方机构的评价行为。评价的责任机制不够具体和完善是目前第三方机构评价行为不规范的原因之一。管理暂行办法应进一步完善有关评价的责任条款，明确每一种违规违法行为对应的经济和行政处罚，乃至刑事责任等。完善的评价责任制度是规范第三方机构评价行为、提高评价质量的重要保障。